晴れの日を彩る

贈る つまみ細工

栗原宏予
すずまち

日本ヴォーグ社

はじめに

春・夏・秋・冬がそれぞれ異なる風情や色を持っていて、
私はそれをこよなく愛しています。

つまみ細工は多彩な表現力でつくられるもので、
季節の風情を最大限に現すべく日々努力しています。

この本では、大切な日はもちろん、日々の生活にも
彩りをもたらせてくれる作品をつくりました。

多くのものが便利になった現代で、あえて手間ひまをかける。
そして大切な人を想いながら、心を込めて飾りをつくるひととき。

つまみ細工の繊細で豊かな表現は、
まるで心の中に小さな花が咲くような、
そんな温かい気持ちを届けてくれることでしょう。

つまみ細工で「贈る」お手伝いができましたら幸せに思います。

すずまち
栗原宏予

Chapter1

つまみ細工のある暮らし　4

Chapter2

特別な日のためのつまみ細工　19

つまみ細工の手ほどき　33〜48

作品のつくり方　49〜79

＊この本に関するご質問は、
お電話またはWEBで

書名／贈る つまみ細工
本のコード／NV70781
担当／西津美緒
Tel.03-3383-0634（平日13：00〜17：00受付）
WEBサイト／「手づくりタウン」
https://www.tezukuritown.com/
※サイト内「お問い合わせ」から
お入りください（終日受付）

い 百合

ろ ミモザ

は 椿

花の帯留め

好きな花を帯留め金具に咲かせます。
季節に合わせて着物との
コーディネートを楽しみましょう。

作り方／49〜51page

に ビオラ

ほ 紫陽花

へ スズラン

ち ガーベラ

と 桜

り スイセン

Coordinate Advice

帯留めに様々なお花をデザインしました。新しい季節を迎える楽しみを小物で表現するのも素敵な遊び方。帯留め金具が取り外しできるブローチ金具でつくったら、装いのシーンも増えておすすめです。by すずまち

季節の花飾り

お気に入りの一輪挿しに、
そっと季節のお花を
生けてみませんか。
日常に彩りと華やかさを
プラスして穏やかな1日を。

作り方／52・53page

る 夏の撫子

ぬ 春のツユクサ

㊄ 秋のリンドウ

㊗ 冬のノースポール

お正月飾り

お正月の髪飾りやアクセサリーに
おめでたい鶴や富士山のアクセサリーはいかがでしょう。
鶴はUピン、富士山は帯留めやブローチとしても使えます。

作り方／54page

(た)

お呼ばれの日の髪飾り

コロンと丸い髪飾り。
コーム飾りは髪の長さを問わずに
お召しになれるので、
ひとつあると重宝します。

写真はアップですが、
実物大はメインの花が
直径4cmの手のひらサイズです。

作り方／55page

Coordinate Advice
大人っぽい装いに合わせても
素敵な髪飾り。ありそうでな
かった、葉をデザインしまし
た。葉はお好きなニュアンス
をつけて楽しむこともできま
す。お花の色はお好みで。深
紅や薄桃色でつくったら印象
ががらりと変わります。
by すずまち

丸かんざし

夏祭り、花火大会に盆踊り。
浴衣のシーンに合わせたい
丸かんざしは、まとめ髪に
さっと挿して使える
便利なアイテムです。

作り方／56page

れ 赤

そ オレンジ

作り方／56page

Coordinate Advice

髪飾りの鮮やかな赤が映え
るように、朝顔を染めた青
色の浴衣に白い帯を合わせ
た涼やかなコーディネー
ト。存在感のある髪飾りは、
シンプルな着こなしはもち
ろん、華やかな多色使いの
浴衣にも似合います。
by 着物スタイリスト・大
川枝里子

くらげのコーム

暑い夏でも涼し気な
くらげの形の髪飾り。
揺れる下がりが
涼しさを演出してくれます。

作り方／56page

つ

ね

蝶のカチューシャ

両サイドをスリーピンにしてあるので、
小さなお子さまにも安心。
実は大人のまとめ髪にも似合います。
土台はワイヤーになっているので、
髪型に合わせて曲げられます。

作り方／57page

いきもの図鑑

つまみ細工の世界でいきものを表現してみたら、
微笑まずにいられない愛らしいものが生まれました。
着物のおしゃれに遊び心で取り入れて。

作り方／55・57〜59page

作り方／55・57〜59page

Coordinate Advice

ほっこりシリーズのいきものたち。どれもよく使うつまみ方でできているので、初めてつまみ細工に挑戦する方の練習にもおすすめです。世界に一つだけの贈り物としても楽しい一品です。by すずまち

な インコ

ら てんとう虫

む フラミンゴ

う カナヘビ

ゐ ハリネズミ

剣つまみのバレッタ

青のグラデーションがポイントの小花のバレッタ。
洋服に合わせてもスタイリッシュにきまります。

作り方／59page

丸つまみのUピン

お花がついている部分がワイヤーになっているので、
髪型に合わせて使えます。たくさんつくって、
小さな小花を散らしても素敵。

作り方／60page

Coordinate Advice

遊び心たっぷりの根付は着こなしのアクセント。シンプルな水色のお召しもたちまちポップな印象です。ブドウなら秋、イチゴなら春と、季節をまとう着物ならではの楽しみも味わえます。

by 着物スタイリスト・大川枝里子

果物の根付

根付とは、その昔に男性が巾着やタバコ入れ、
印籠などを帯につるす時につけた留め具のこと。
現代では帯飾りとしてワンポイントアクセントに使います。

作り方／60〜62page

く　ブドウ

や　リンゴ

ま　サクランボ

け　イチゴ

椿のコーム

赤い椿の花言葉は「気取らない優美さ」。
控えめだけれど素敵な美しさを引き出します。

作り方／62page

ふ

Coordinate Advice

こっくりと深い赤色が印象的な椿の髪飾り。温かみのあるベージュなど茶系の着物との相性は抜群です。花びらをたっぷりと重ねた可憐な雰囲気を生かして、黄色い紬など可愛いらしい着物とのコーディネートもおすすめです。by 着物スタイリスト・大川枝里子

菊のコーム

菊の花言葉は「信頼」「高貴」。
きちんとお化粧をして、
ぱりっとした気持ちでつけたい髪飾り。

作り方／63page

こ

Coordinate Advice

菊は一年を通して使える
モチーフですが、やはり
秋が似合う花。菊をあし
らった小紋に、髪飾りの
色とリンクする濃紫の帯
には紅葉が揺れて、秋の
風景をイメージしたコー
ディネートの完成です。
by 着物スタイリスト・
大川枝里子

大輪の半くす飾り

大きな白い菊は、高貴なただずまい。
普段使いの髪飾りには少し大きめなので、
インテリア飾りとして使っても。
花嫁さんの髪飾りにもおすすめのサイズです。

作り方／63page

え

卒業式

あんなに小さかった可愛い娘の卒業式。
おめでとうの気持ちを込めて、
桜の髪飾りをつくります。

作り方／64page

七五三（三歳）

初めての晴れ着に包まれて、
三歳の節目で成長を祝う七五三。
どちらもスリーピンで仕上げるので、
小さな子どもの髪にも
負担が少なくとめられます。

作り方／65page

Coordinate Advice

写真では髪飾りを主役にし
たシンプルな着こなしです
が、子どもの着物には玩具、
宝尽し、花籠と愛らしい柄
ゆきの物がたくさん！小花
を並べた髪飾りはどんな着
物にも似合うので、着物と
髪飾りのポイント色を合わ
せてコーディネートしてみ
てくださいね。by 着物ス
タイリスト・大川枝里子

七五三（三歳）

剣つまみの七五三飾りは、
可愛らしさの中にも
スタイリッシュな
スパイスが利いています。
初めてのお着物で
ちょっと大人気分のお子様に。

作り方／66・67page

（さ）

き　赤×薄桃色

七五三（七歳）

七歳は着物の帯の装い始め
「帯解（おびとき）」と呼ばれる儀式です。
帯をきちんとつけて大人の仲間入り。
髪飾りもかんざしで大人っぽく飾りましょう。

作り方／68・69page

ゆ
若草色×青緑

七五三(七歳)の色違い

一見複雑そうに見える髪飾りも、
実は3つのつまみ方だけでできているので、
初めてのかんざし作りにおすすめです。
衣装に合わせて色の組み合わせを考えましょう。

作り方／68〜70page

め 桃色×薄紫

み 濃オレンジ×橙色

Coordinate Advice

小さなバッグや草履、はこせこなど、小物もかわいい7歳の七五三。髪飾りは小物の色と合わせるか、着物の差し色と合わせるとコーディネートがまとまります。by 着物スタイリスト・大川枝里子

成人式

作り方／71・72page

成人の日。この日まで育てあげた
安心感と達成感と嬉しさと寂しさと…と、
親子にとって感慨深い1日となります。
心を込めてつくったかんざしで
門出をお祝いしましょう。

し　空色

Coordinate Advice

落ち着いたブラウンの振袖に映える水色の髪飾りをセレクトしました。帯締めにも同じ差し色を効かせています。髪飾りが華やかな分、髪型はシックにまとめて清楚な印象に。by 着物スタイリスト・大川枝里子

ゑ 朱赤

成人式の色違い

髪の色に映える白を基調に、
ポイントになる色を差しました。
着物や本人の好みで色を選ぶのも楽しい時間です。

作り方／71〜73page

ひ　ベージュ

も　オレンジ

リングピロー

指輪の丸い円の形は
「永遠」を象徴していると言われています。
リングピローも丸いドーム状につくって
二人の絆を永遠に結ぶという願いを込めました。

作り方／74・75page

す

ボールブーケ

和装の花嫁さんにぴったりな
つまみ細工のボールブーケ。
羽二重の白が眩く輝いて
晴れの日を祝います。

作り方／76・77page

ミニブーケ

緊張の結婚式に
微笑ましいひとときを作ってくれる
リングボーイやフラワーガール。
小さな天使たちにぴったりのミニブーケです。

作り方／78・79page

つまみ細工の手ほどき

すずまち スタイルのつまみ細工を始めるにあたって、
必要な道具、技法についてまとめました。
作品づくりに困ったらパラパラとめくって検索してみましょう。

【準備】 つまみ細工に使う道具

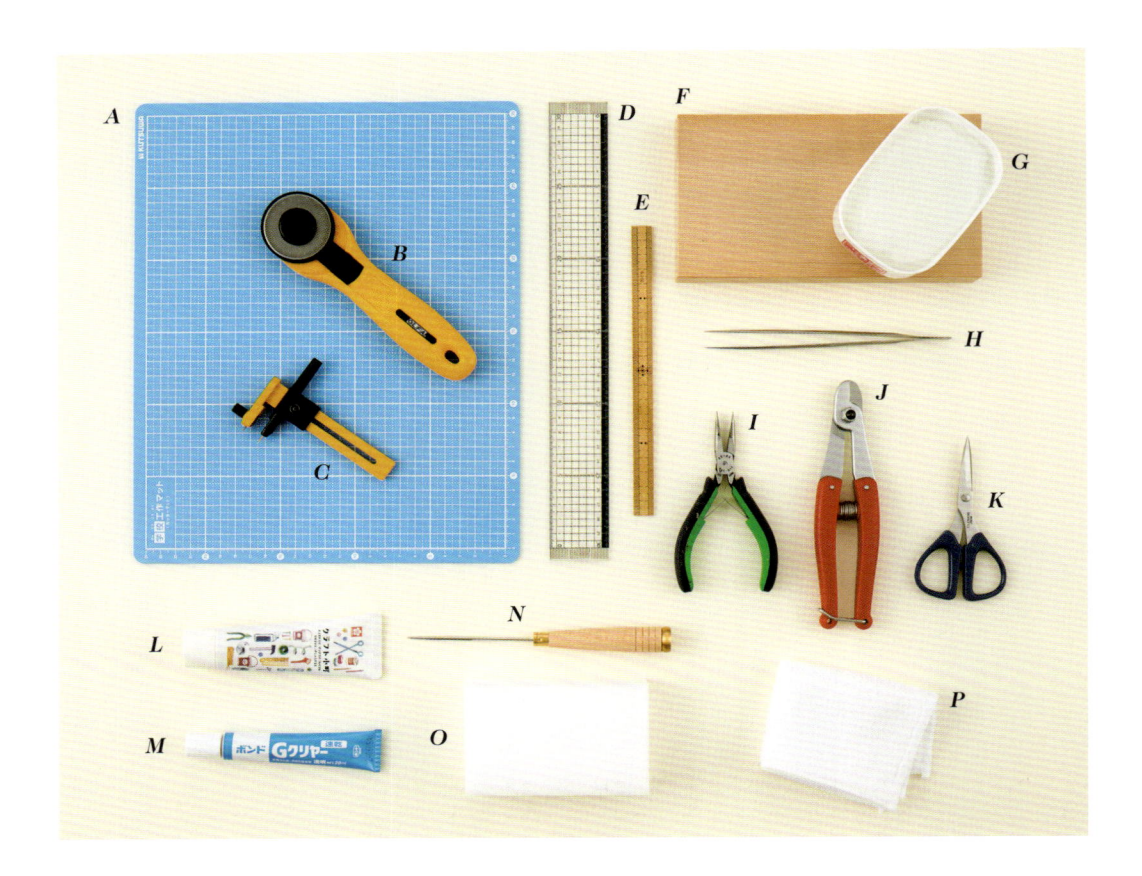

A. カッターマット
マス目のあるもので、布を
カットする時に使います。

B. ロータリーカッター
丸い刃のカッターで、布に
刃を当てて転がすように使
います。

C. コンパスカッター
平土台の丸い厚紙を切る時
に使います。

D. 定規
ロータリーカッターに合わ
せて使います。30cm が使
いやすいサイズです。

E. 竹定規
糊板に糊を置いて平らになら
す時に使います。

F. 糊板
糊を置くための板です。木製
のミニまな板や不要な CD ケー
スでも代替えが可能です。

G. でんぷん糊
つまみ細工専用ヤマト糊を使
用しています。粘度が高いの
でつまんだ布の形を保ちます。

H. ピンセット
およそ 15cm の長さのもので、
つまみ細工で一番多く使う道
具です。先がまっすぐで、はさ
む部分に溝の滑り止めがつい
てないものを選びましょう。

I・J. ペンチ・ニッパー
ワイヤーをカットしたり、
曲げたりする時、アクセ
サリー金具をつける時に
使います。

K. はさみ
布や糸を切る時に使いま
す。先のとがったよく切
れるものが良いでしょう。

**L・M.
クラフト用ボンド・接着剤**
布同士を接着したり、ア
クセサリー金具と土台を
接着したりする時に使い
ます。素材によって使い
分けをしましょう。

N. 目打ち
台紙に穴をあける時など
に使います。

O. スタイロフォーム
制作途中の作品を刺して
糊を乾燥させる時に使い
ます。スポンジや発砲ス
チロールでも代用できま
す。

P. 手拭き用の布
作品制作中は指先やピン
セットに糊がつくので、
それを拭うために水で濡
らした手拭き用の布があ
ると便利です。糊板の糊
を取ったあとを拭いたり
もします。

布を切る

カッターマットのマス目を使って、ロータリーカッターで羽二重（p.48）を正方形に切る方法です。

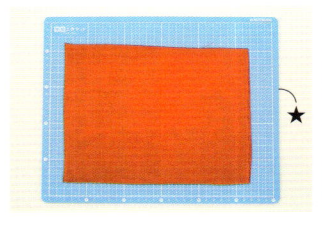

1 マス目のあるカッターマットに布をまっすぐに置きます。

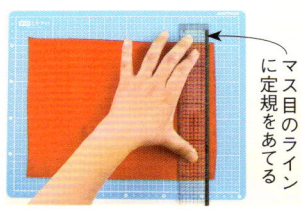

2 マス目の縦のラインに定規を合わせて置きます。

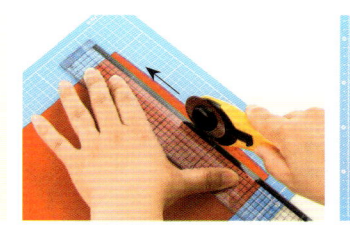

3 ロータリーカッターを定規に沿わせて、下から上に転がして余分な布を切り落とします。

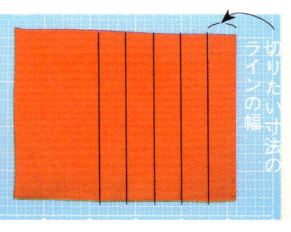

4 続けて切りたい布寸法（写真は3cm）のマス目のラインに定規を合わせて切ります。

5 カットした布が動かないように静かにカッターマットを90度回転させます。

6 3と同様に端のラインに定規を合わせて置き、余分な布を切り落とします。

7 続けて切りたい布寸法（写真は3cm）のマス目のラインに定規を合わせて切ります。

8 正方形に布が切れました。

糊板の準備

でんぷん糊はつまみ細工専用の糊を使用しています。
文房具の糊を使う場合は使用前に練って粘り気を出しましょう。

1 糊板、でんぷん糊、竹定規を用意します。

2 竹定規を使って糊を容器からとり、糊板の左端に置きます。

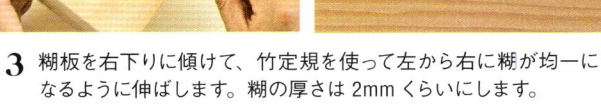

約2mm

3 糊板を右下りに傾けて、竹定規を使って左から右に糊が均一になるように伸ばします。糊の厚さは2mmくらいにします。

4 つまんだ布の裁ち目（底側）がしっかり糊につくように糊の上に乗せます。

糊板の片付け

使い終わった糊板の糊は乾く前に片付けましょう。

1 竹定規を使って、糊をこそげ取り、ふたのある入れ物に入れて保管します。未使用の糊に混ぜるのはやめましょう。

2 水で濡らした手拭き布で残った糊を拭き取ります。

つまみ始める前に　ピンセットの持ち方と丸つまみの各部の名称を覚えましょう。

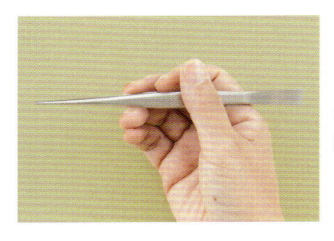

ピンセットは写真
のように横向きに
持って作業します。

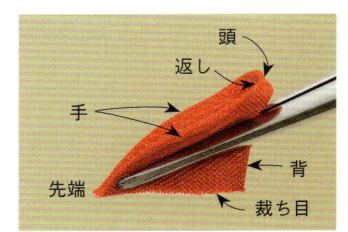

頭
返し
手
先端
背
裁ち目

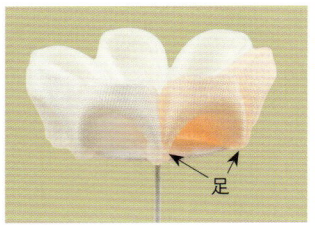

足

基本1　丸つまみ　つまみ細工の基本1つめの丸つまみをしっかりマスターしましょう。

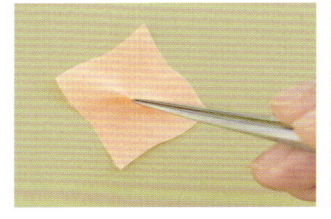

1 ピンセットで布の中心をつ
まんで持ち上げます。

2 布端を合わせて三角に折り
ます。

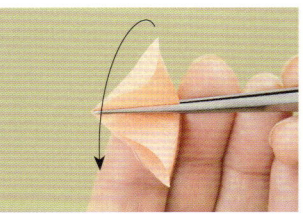

3 ピンセットの先端を角に合
わせて持ち、手前にピン
セットを返して半分に折り
ます。

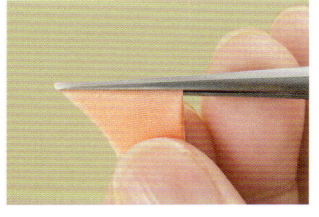

4 下側を指ではさんで押さえ
ます。

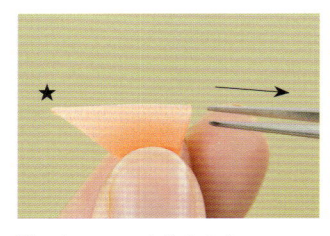

5 ピンセットを抜きます。

6 角★が上になるように向き
を変え、三角形の真ん中よ
り少し上をピンセットではさ
みます。

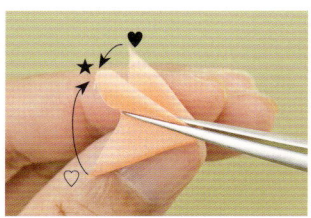

7 下側の布♡と♥の間に人差
し指と親指を入れて★に向
かって折り上げます。

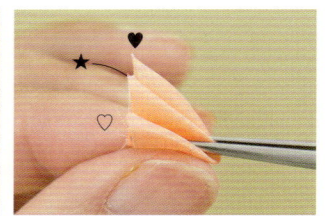

8 3つの先端が揃うように折
ります。

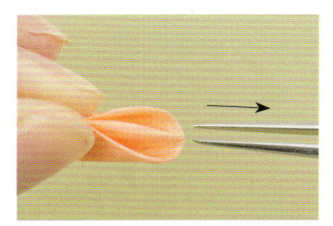

9 先端を指ではさんで持ち、
ピンセットを抜きます。

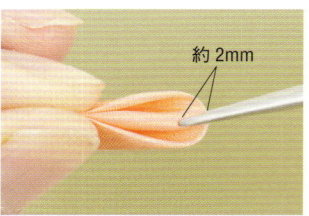

約2mm

10 頭を約2mmピンセットでつまみ、手前に向かってピンセット
を返して、返しをつくります。

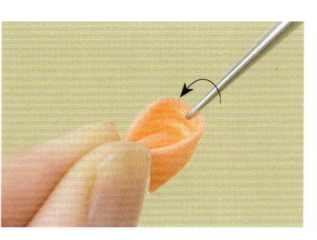

11 丸つまみのでき上がりです。
形が崩れないように糊板の
上に置きます（p.35 参照）。

丸裏つまみ

つまんだら糊板には置かずに、裁ち目を接着してから丸つまみの頭を裏返すつまみです。つぼみなどに使います。

 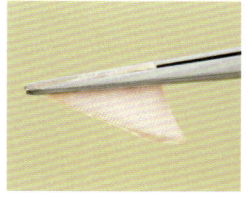 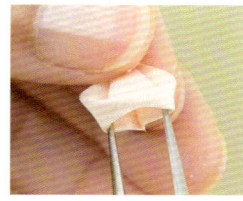 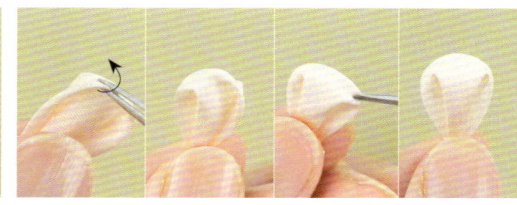

1 丸つまみをつまみ、裁ち目に糊をつけます。

2 裁ち目をピンセットではさんで圧着したあと、糊を乾かします。

3 裁ち目が接着できた丸つまみの背にピンセットを差し入れ開きます。

4 返しの片側をピンセットではさみ、裏側に折り返します。同様にもう片側も裏側に返して、丸裏つまみのでき上がりです。

返しなしの丸つまみ

丸つまみ端切り

つまみの下端を切って、つまみの高さを調整することを端切りと言います。

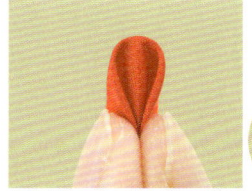  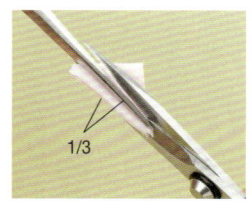 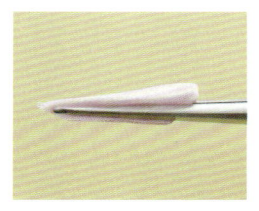 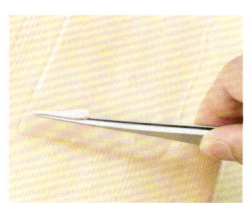

p.36 丸つまみ1〜9と同様につまみます。返しなしの丸つまみのでき上がりです。糊板の上に置きます。

1 丸つまみをつまみ、写真のようにピンセットではさみます。

　裁ち目

2 つまみの上側1/3が残る程度に下端を裁ち目に平行に切り取ります。

　1/3

3 丸つまみの端切りのでき上がりです。

4 ピンセットを裁ち目・糊板と平行になるように持ち、糊板の上に置きます。

桜つまみ

  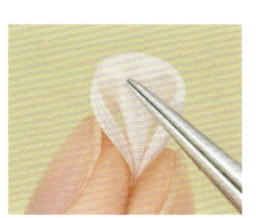 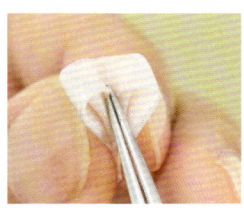 

1 指に糊をつけて、つまむ布の中心に糊をつけます。

2 糊をつけた面を内側に折り、丸つまみをつまみます。

3 ピンセットで、返しの先を少し引き出します。

4 頭にピンセットを押し当てて凹ませます。

5 桜つまみのでき上がりです。糊板の上に置きます。

丸つまみ二重

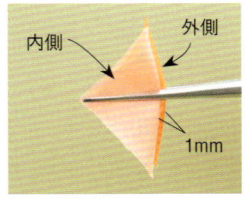  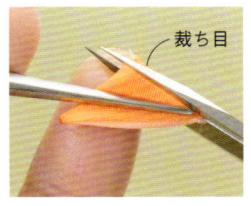  

　内側　外側　1mm

1 二重につまむ布をそれぞれ三角に折り、外側になる方を下にして1mmずらして重ねます。

2 p.36 丸つまみの1〜9と同様につまみます。

　裁ち目

3 1でずらした布のずれを外側の裁ち目で切り揃えます。

4 返しをつくります（p.36-10）。

5 丸つまみ二重のでき上がりです。糊板の上に置きます。

剣つまみ

つまみ細工の基本2つめの剣つまみをしっかりマスターしましょう。

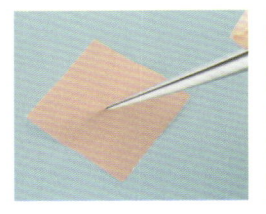

1 ピンセットで布の中心をつまんで持ち上げ、布端を合わせて三角に折ります。

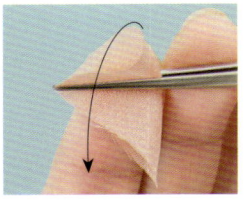

2 ピンセットの先端を角に合わせて持ち、手前にピンセットを返して半分に折ります。

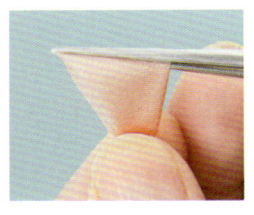

3 下側を指ではさんで押さえます。

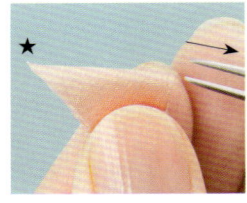

4 ピンセットを抜きます。

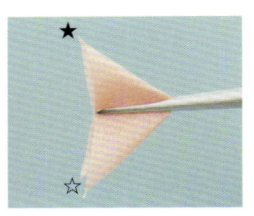

5 角★が上になるように向きを変え、三角形の真ん中をピンセットではさみます。

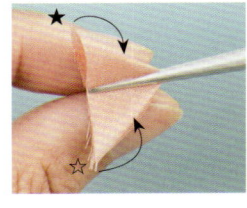

6 布の下側に人差し指と親指を当て、★と☆の角を合わせるように折り上げます。

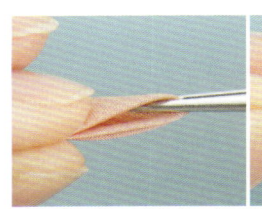

7 先端を指ではさんで持ち、ピンセットを抜きます。

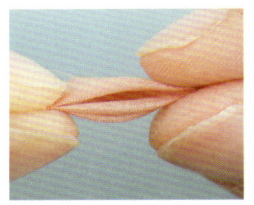

8 先端を指ではさんで形をつくります。

9 剣つまみのでき上がりです。形が崩れないように糊板の上に置きます(p.35参照)。

剣裏つまみ

糊板には置かずに裏返す剣つまみです。

1 剣つまみをつまみ、裁ち目に糊をつけて、ピンセットではさんで圧着したあと、糊を乾かします。

2 頭をピンセットではさみ裏側に返して剣裏つまみのでき上がりです。

剣つまみ端切り

裁ち目

1 剣つまみをつまみ、写真のようにピンセットで上側をはさんで持ちます。

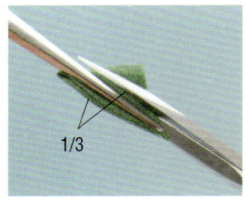

1/3

2 つまみの上側1/3が残る程度に下端をピンセットと平行に切り取ります。

3 剣つまみ端切りのでき上がりです。ピンセットを裁ち目・糊板と平行になるように持ち、糊板の上に置きます。

剣つまみ二重

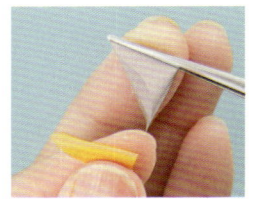

1 二重につまむ布をそれぞれ剣つまみの1〜4までつくります。

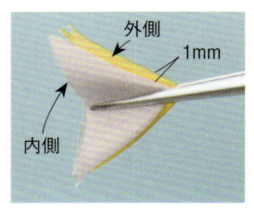

外側
1mm
内側

2 外側になる方を下にして1mmずらして重ねます。

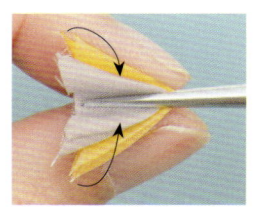

3 角同士を合わせるように折り上げます。

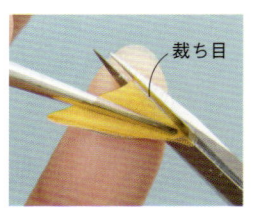

裁ち目

4 2でずらした布のずれを外側の裁ち目で切り揃えます。

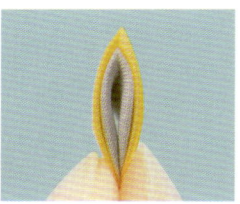

5 剣つまみ二重のでき上がりです。糊板の上に置きます。

ひだつまみ

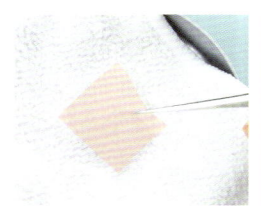

1 布を水で濡らした手拭き布の上に置き、湿らせます。

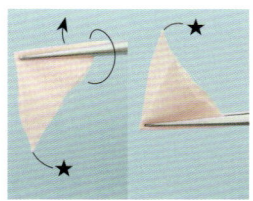

2 p.38 剣つまみの 1〜3 と同様につまみ、上側をピンセットではさんで持って、180度回転させます。

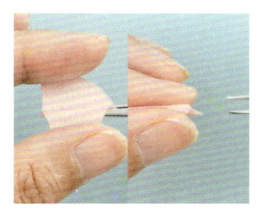

3 上側の布を下に押し下げて指ではさみ、ピンセットを抜きます。

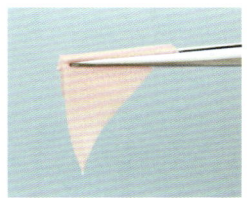

4 折りたたんだ部分をピンセットではさんで持ち、2〜4を布の端までくり返します。

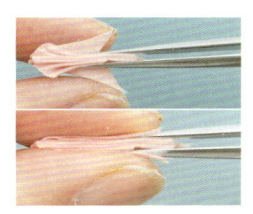

5 布端まで折ったら、ピンセットは回転させないで、ピンセットに沿わせるように折ります。

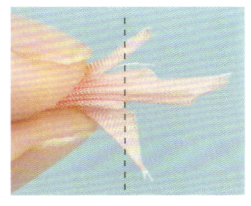

6 指でしっかりと押さえ、バラバラになっている足の布を一番短い部分に合わせて切り落とします。

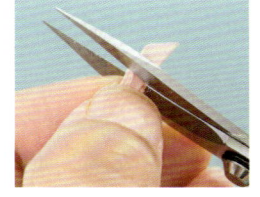

7 切り落とした先端をピンセットの先でしっかりとはさんで持ちます。

8 手拭き布で指を湿らせ、上側の布を扇状に広げて形をつくります。

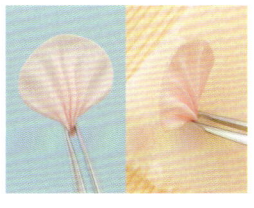

9 ひだつまみのでき上がりです。糊板には先端をしっかりはさんで閉じ、扇を立てるように置きます。

ひだ寄せ剣つまみ

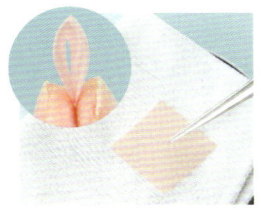

1 布を水で濡らした手拭き布の上に置き、湿らせて、剣つまみをつまみます。

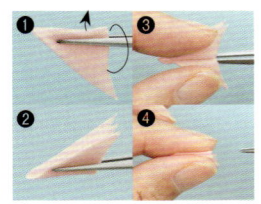

2 背をピンセットではさんで持ち、180度回転させ、上側の布を下に折り下げてピンセットを抜きます。

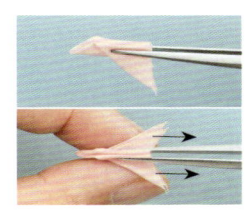

3 折りたたんだ部分をピンセットではさんで持ち、下の布をピンセットに沿わせて折り上げます。

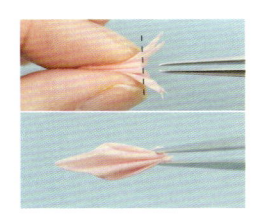

4 バラバラになっている足を一番短い部分に合わせて切り落とし、先端をピンセットでしっかりはさみます。

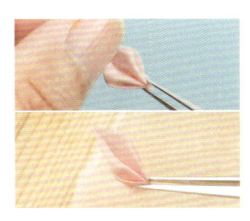

5 手拭き布で指を湿らせ、上側の布を広げて形をつけます。ひだ寄せ剣つまみのでき上がりです。

剣つまみの先を裂く　撫子の花びらなどに使います。

1 剣つまみ端切り (p.38) をつまみます。

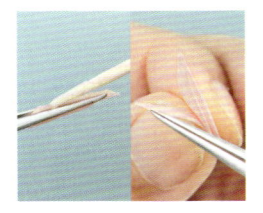

2 裁ち目に糊をつけて糊が乾く前に先端を開いて形をつくります。

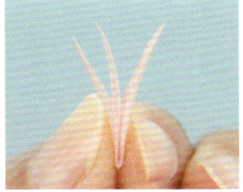

3 でき上がりです。平らなところで糊を乾かします。

桔梗つまみ　紫陽花の花びらに使います。

1 布の中心に小さな色布を糊で接着し、色布を内側にして丸つまみをつまみます。

2 指でつまんで先端を尖らせます。色布が透けて色が見えます。糊板の上に置きます。

足つき平土台のつくり方

足とはワイヤーのことで、土台布は薄手のキュプラ（薄布）を使用します。

 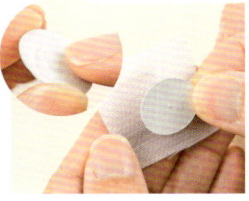 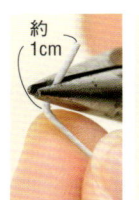 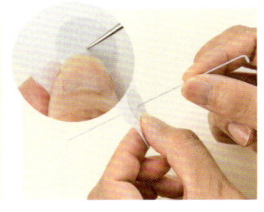 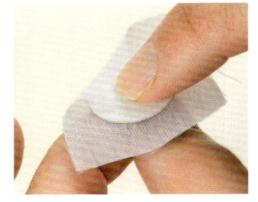

約1cm

1 厚紙にコンパスカッターの針を刺し、紙を何度か回して必要な大きさの丸を切り出します。

2 厚紙の片面にクラフト用ボンドを塗り、土台布（キュプラ）の中心に貼ります。

3 ＃22の紙巻きワイヤーの先約1cmを直角に曲げ、さらに内側に曲げます。

4 2の土台の中心に目打ちで、ワイヤーが通る大きさの穴をあけ、ワイヤーを挿し入れます。

5 ワイヤーの上にクラフト用ボンドを塗り、土台布の1角を折り、接着します。

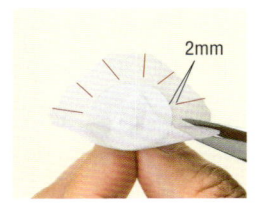  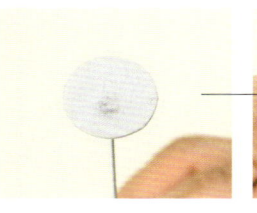 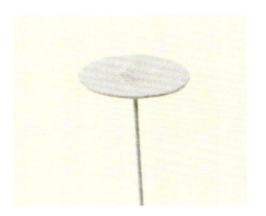

2mm

6 土台布の角を落としてゆるやかな丸にしてから切り込みを数カ所入れます。切り込みは厚紙の2mm手前までにします。適宜、クラフト用ボンドを塗りながら土台を土台布でくるんでいきます。

7 土台布が全部貼れたら、生地とワイヤーをなじませて平らな状態にするため、机に押しつけます。

8 足つき平土台のでき上がりです。

平土台への葺き方

平土台に丸つまみを葺いて小花をつくりましょう。
このパーツは成人式の髪飾り（p.44〜47）に使います。

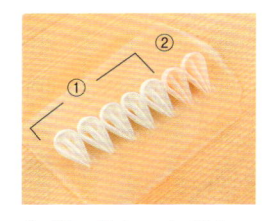  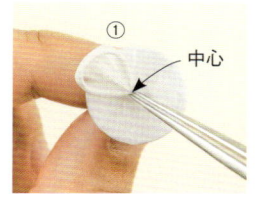 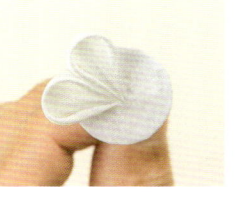

中心

1 羽二重2cm角 ①白5枚、②ピンク2枚を丸つまみでつまみます。

2 足つき平土台に糊を薄く塗ります。

3 ①の丸つまみを糊板から先端をつまんで引き上げ、糊板のきれいな所で余分な糊を落として土台の中心に先端を合わせて葺きます。

4 同様に残りの①を3枚、②を2枚葺きます。

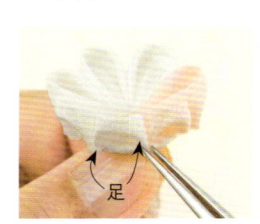   

足

5 丸つまみの幅を均等にしながら足を広げて、隣合う足同士をはさんでつけます。

6 ペップの先をカットし、根元にクラフト用ボンド（または糊）をつけて、花の中心に3個乗せます。平土台に小花が葺けました。

7 スタイロフォームに挿して糊を乾かします。

変形土台

厚紙を使って土台を切り出し、ちりめんを貼って土台をつくる方法です。この土台はハリネズミ（p.13）に使います。

 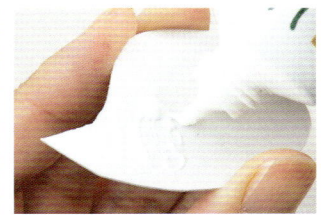 

1 厚紙に型紙を写して2枚切ります。土台に貼るちりめん（ベージュ）を用意します。

2 厚紙の土台にクラフト用ボンドを塗り、指で全体に広げます。

3 糊の面を下にして、ちりめんの中央に台紙を乗せます。

   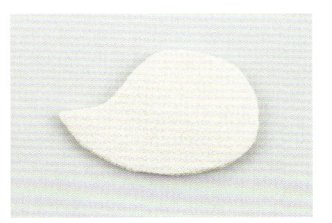

4 はさみでカーブの部分に切り込みを入れます。

5 台紙にクラフトボンドを塗りちりめんを折りこみながら接着します。

6 対称形になるようにもう1枚の土台をつくり、裏側にクラフトボンドを塗って接着します。

7 変形土台のでき上がりです。

足つき半くす土台のつくり方

スチロール球を半分にカットしたものを半くすといいます。

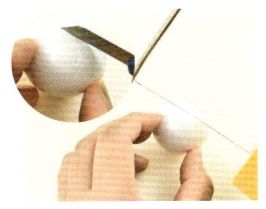 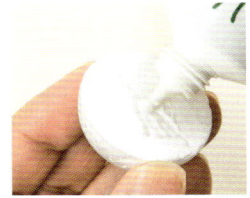 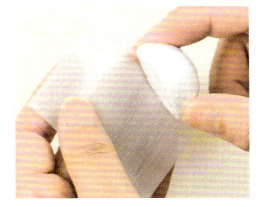 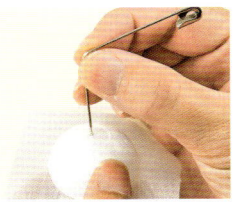 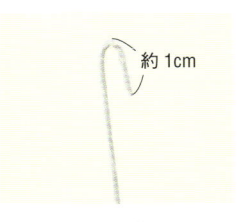

1 スチロール球をスチロールカッター（もしくはカッターナイフ）で半分にカットします。

2 カットした半くすの底側にクラフト用ボンドを塗ります。

3 土台布（キュプラ）の中心に貼ります。

4 安全ピンの針や長めの縫い針を使って中心に穴をあけ、貫通させます。

5 ＃22の紙巻きワイヤーの先約1cmをU字に曲げます。

約1cm

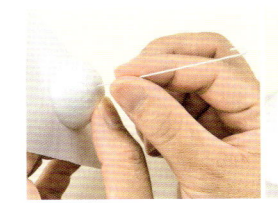 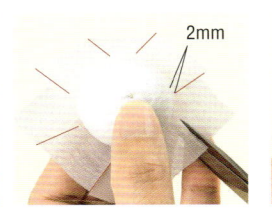 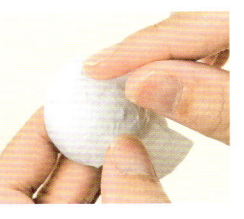

6 上からワイヤーを挿し入れます（布のところでひっかかる場合は、目打ちなどで穴をあけて補助してください）。半くすの頭部分までワイヤーを引き、曲げた部分を押し込みます。

7 土台布に切り込みを数カ所入れます。切り込みはスチロール土台の2mm手前までにします。適宜、土台にクラフト用ボンドを塗りながら土台を土台布でくるんでいきます。

2mm

8 足つき半くす土台のでき上がりです。

半くす土台への葺き方

ここでは直径 5.5cm の菊をつくりましょう。
このパーツは成人式の髪飾り（p.44〜47）に使います。

[材料] 羽二重 2cm 角①白 16 枚、②ピンク 4 枚＋ベージュ 4 枚／2.5cm 角③白 34 枚、
④ピンク 6 枚＋ベージュ 6 枚、花座、パールビーズ

・白は剣つまみ（p.38）、ピンク＋ベージュはベージュを外側にした剣つまみ二重（p.38）
でつまみます。

p.17 の菊も花弁の色が違うだけで同じ葺き方です。

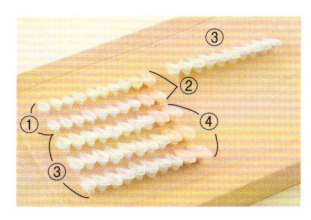

1 上記の布のサイズと個数をつまみます。

2 足つき半くす土台（p.41）に糊を薄く塗ります。

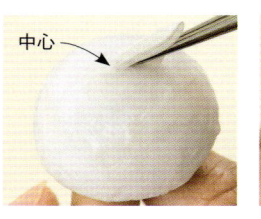

中心

3 1 段め：糊板から先端をつまんで引き上げ、糊板のきれいな所で余分な糊を落とした①の剣つまみを土台の中心に先端を合わせて葺きます。

4 写真の位置に②を 2 枚葺きます。1 段めが葺けました。

5 2 段め：②を 1 段め②と右隣の間に葺き、①を 1 段めの花びらの間に葺いていきます。

6 2 段めが葺けました。

1 段め
3 段め
2 段め

7 3 段め：③を 2 段めの間に葺き、1 段めの背をまたぐように先端を開きます。以降、③の残り 7 枚、④ 2 枚を同様に 1 段めをまたがせて葺きます。

3 段め

8 3 段めが葺けました。②と④がらせん状になるように配置します。

2 段め
3 段め
4 段め

9 4 段め：3 段めと同様に③と④を葺き、2 段めをまたぐように先端を開きます。

10 4 段めが葺けました。

11 5 段め：土台の下端に背を合わせ、4 段めの④の右下に④を葺きます。

2 枚め
1 枚め

12 6 段め：11 の横に③をもう 1 枚葺きます。前段との間に 2 枚ずつ葺いていきます。

2 枚

13 花座にパールビーズを接着し、花座の底に接着剤をつけて 1 段めの中心に接着します。菊のでき上がりです。

14 スタイロフォームに挿して糊を乾かします。

【染め・組み上げ】　布の染め方いろいろ

【つまみ細工用 染色キットを使って染める】
『つまみ細工用 染色キット』は、すずまちとのコラボ商品で、簡単に布を染めることができるキットです。

1 15×25cm 程度の白の羽二重を水にくぐらせ、汚れをよく落とします。

2 付属のスプーン1杯の染料を容器に入れます。

3 熱湯 200ml を入れ、小さじ 1/2 のお酢を入れます。

4 染料の溶け残りがないようによく混ぜます。

  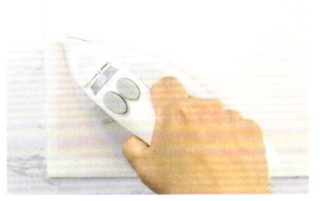 

5 軽くしぼった羽二重を容器につけます（染料が手につくこともあるので手袋着用をおすすめします）。

6 蓋をきっちりと閉めて、布などでおおってくるくると回して、そのあと 20 分程度置きます。

7 台所用中性洗剤で洗い、よく流します。水気を絞り、当て布をしてアイロンをかけます。

8 染めのでき上がりです。単色染めのほかにも絞り染めやむら染めなどもできます。

【染料を筆で塗って染める】
「桂屋ファイングッズ株式会社」の『みやこ染め』の染料は簡単に扱えて便利です。

  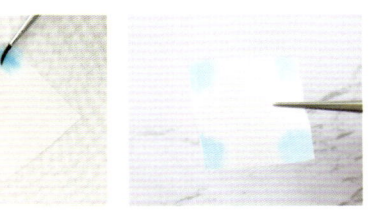 

1 みやこ染めの染料を水で溶かして染める液をつくります。初めは少しの染料で色をつくって、お好みの濃さにしていきましょう。

2 キッチンペーパーの上につまみ布を置き、絵筆で塗り染めます。

3 四隅を染めて、乾かします。

4 四隅を染めると先端に色が出ます。

【つまんだ状態で染める（染料）】

1 糊板に置いたつまみ布に直接色をつけていきます。

2 思うところに彩色できるのが利点です。

【エアスプレーで染める】

 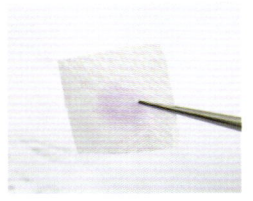 

1 布用絵の具を水で溶いてエアブラシに入れて染めます。

2 中央を染めました。グラデーションが柔らかく染まります。

3 中央を染めると頭に色が出ます。

成人式の髪飾りを
組み上げましょう

A: メインのかんざし、B: 菊、C: 2段小花の飾り、
D: 下がりの組み合わせで、
晴れの日を彩る成人式の
髪飾りをつくりましょう。
組み糸の巻き方を練習するのに最適な
D: 下がりの熊手からつくります。

作品の組み上げの時に使う、組み糸、かんざしなどの材料を用意します（写真はすずまちおすすめの「工房 和」のもの）。

❶ D：下がりの熊手と下がりひもをつくる

[材料]
熊手：♯22紙巻きワイヤー7cm×2本、組み糸（黒）適宜、クラフト用ボンド　下がりひも：唐打ちひも（白）16cm×2本、羽二重2.5cm角①白12枚・②ベージュ4枚、直径8mmの鈴（銀）2個、Uピン（黒）1本

[準備]
羽二重①、②は丸つまみにし、糊板には置かずに裁ち目に糊を塗ってピンセットではさんで圧着します（p.37『丸裏つまみ』1・2参照）。唐打ちひもに葺く前に2枚の裁ち目を糊で合わせて2枚1組のパーツをつくります。組み糸（絹糸）の代用品として25番刺しゅう糸2本どりを使用することもできます。

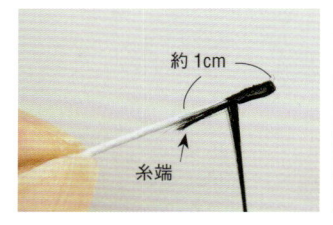

1 ワイヤーの先約1cmに組み糸（1本）の先を沿わせて、上から糸を巻きます。

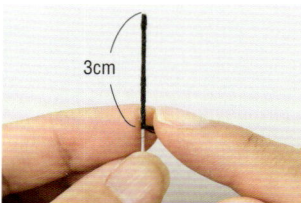

2 ワイヤーの端から3cmまで糸を巻き、糸端は糊でとめます。

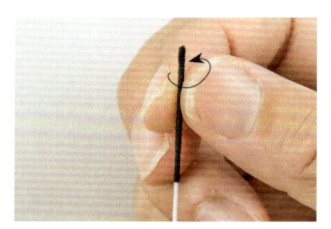

3 糊を指の腹につけ、糸を巻いた部分に糊をつけながら押さえます。

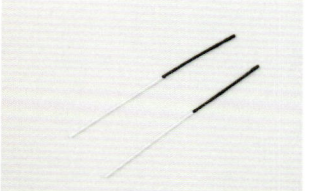

4 もう1本のワイヤーも同様に組み糸（1本）を巻きます。

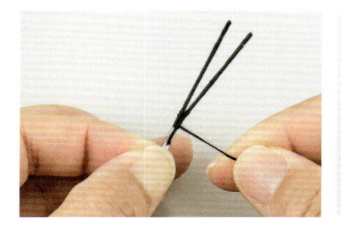

5 2本のワイヤーを合わせて、ワイヤーの下まで組み糸（1本）を巻いて糊でとめます。

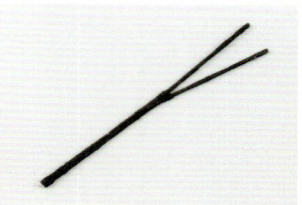

6 3と同様に巻いたところに糊をつけながら押さえます。

7 ワイヤーの下側にクラフト用ボンドを塗り、広げたUピンの片方を接着します。

8 組み糸（3本どり）でワイヤーとUピンを一緒に巻きます。巻き終わりは糊でとめます。

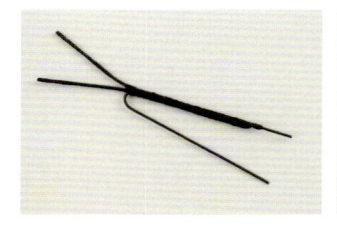

9 熊手のでき上がりです。

10 材料の①、②で2枚の裁ち目を糊で接着したパーツを白6個、ベージュ2個つくります。

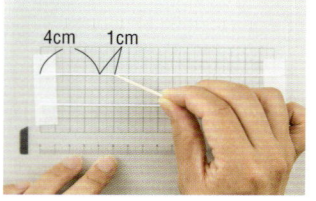

11 唐打ちひもを捻れないように伸ばして両端をテープでとめ、端から4cmあけてクラフト用ボンドを塗ります。

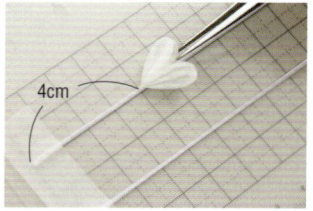

12 ボンドを塗った部分に白のパーツをのせて、接着します。

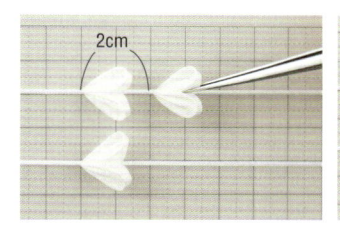 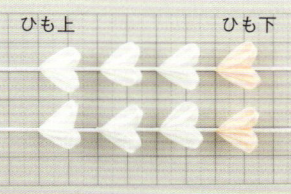 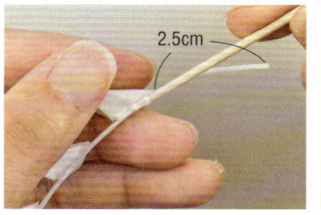 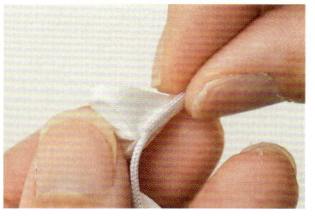

13 下側の唐打ちひもに **11・12** と同様にクラフト用ボンドを塗り、パーツを接着します。2 つめのパーツは前のパーツの先から 2cm あけて接着します。すべてのパーツを接着しました。

14 テープを外し、白いパーツの上端から 2.5cm でひもをカットします。一番上のパーツの横につまようじでクラフト用ボンドを塗り、ひもを輪にして端を接着します。

 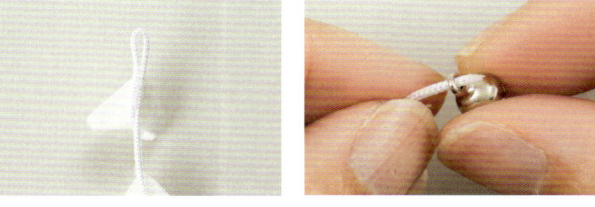  

15 ひも上部の輪ができました。

16 ひもの下側をパーツの下端から 2.5cm でカットし、鈴を通します。一番下のパーツの横にクラフト用ボンドを塗り、ひもを輪にして端を接着します。

17 もう 1 本も同様にし、下がりひも 2 本のでき上がりです。

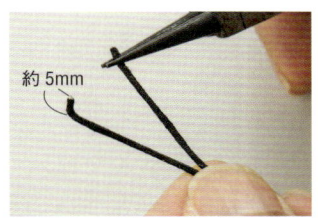 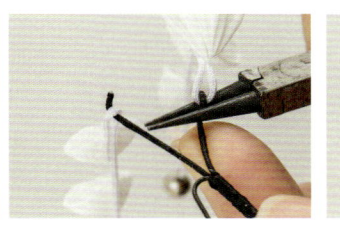 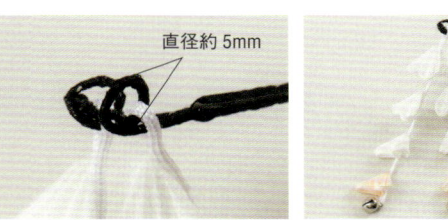

18 熊手の先端を約 5mm 折り上げます。

19 下がりひもの上の輪を熊手に通し、丸ペンチを使って熊手の先端をぐるりと 1 巻きします。

20 下がりのでき上がりです。

❷ B：菊、C：2 段小花の飾りを U ピンと合わせる

[材料]
菊：菊 1 本（p.42 参照）、U ピン（黒）1 本、組み糸（黒）適宜　2 段小花の飾り：羽二重 2.5cm 角①下：ベージュ 6 枚／2cm 角②上：ベージュ 3 枚、直径 2cm の足つき平土台（p.40 参照）1 本、組み糸（黒）適宜、直径 1cm の花座・直径 3mm のパールビーズ各 1 個、U ピン（黒）1 本

[準備]
菊のパーツ 1 本は p.42 を参照してつくります。2 段小花の飾りは①、②共に丸つまみ（p.36 参照）にし、足つき平土台（p.40）に①の 6 枚を葺き、花びらの間をまたぐように②を葺きます。花芯にパールビーズをつけた花座を接着します。

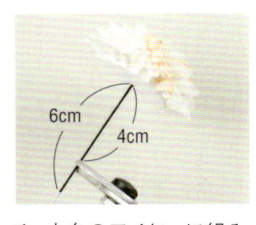 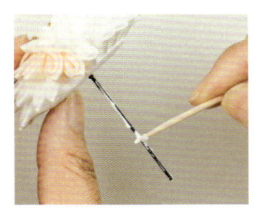   

1 土台のワイヤーに組み糸（1 本）を 6cm 巻いて糊でとめ、4cm の長さにカットします。

2 ワイヤーにクラフト用ボンドを塗ります。

3 広げた U ピンの片方を接着します。

4 組み糸（3 本どり）でワイヤーと U ピンを一緒に巻きます。巻き終わりは糊でとめます。

5 2 段小花の飾りも同様にして U ピンと合わせます。

❸ かんざしを組み上げる

[材料]
花パーツ：菊2本(p.42 参照)、2段小花（布の寸法、葺き方は p.45［準備］参照）／下：ベージュ6枚＋上：白3枚2本、下：白6枚＋上：白3枚1本、小花（p.40［平土台の葺き方］参照）／ベージュ7枚1本、白5枚＋ベージュ2枚2本
その他：組み糸（黒）適宜、二本足のかんざし金具1本

[準備]
必要なパーツを用意します。

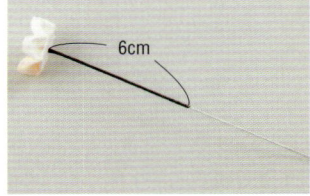

1 土台の根元から約1cmのワイヤーに組み糸（1本）の先を沿わせて、土台の根元から糸を巻きます。

2 6cm巻いて糊でとめます。すべてのパーツのワイヤーに組み糸（1本）を6cm巻きます。

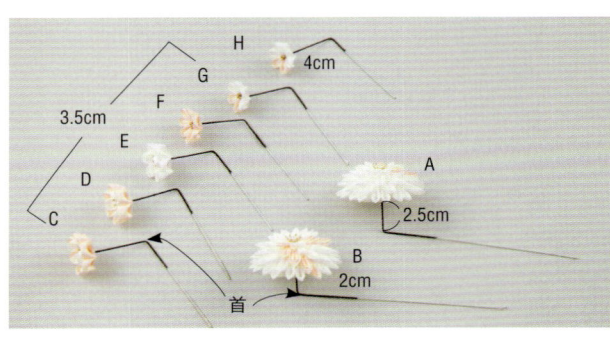

3 A＝根元から2.5cmでワイヤーを直角に折ります。以下B＝2cm、C〜G＝3.5cm、H＝4cmの位置で同様に直角に折ります。折った部分が首になります。

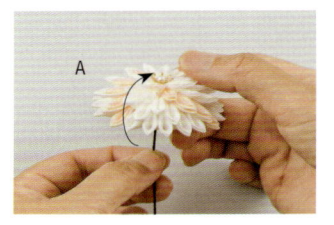

4 Aの菊の花をそっと持って、土台を約45度上に向けます。

5 AとBの首を合わせて持ちます。Bの首をのばし、角度を調整します。

6 A、Bの菊の周りに小花C〜Hを配置し、首を合わせていきます。まずはFを合わせます。

7 Eを合わせます。花の位置や向きは最後に整えるので、ここでは合わせていくだけで大丈夫です。

8 Gを合わせます。

9 Aの後ろ側にCを合わせます。

10 手前側にDを合わせます。

11 Hを合わせます。

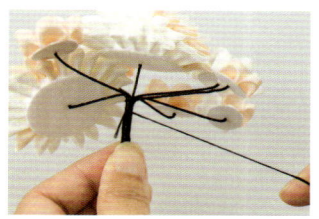

12 合わせたワイヤーの首の根元から約1cmに組み糸（1本）の先を沿わせて、ワイヤー8本をまとめて糸を巻きます。

13 首の根元から約2cm巻いて糊でとめます。

14 一番上にあるワイヤー1本を折り上げてよけておき、残りのワイヤー7本を組み糸の根元で切り落とします。

15 残したワイヤーを真っ直ぐに戻して、組み糸（1本）を下まで巻いて糊でとめます。

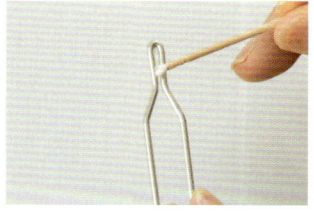

16 かんざし金具の上部の表裏にクラフト用ボンドを塗ります。

17 15のワイヤーを折り上げ、写真のように通します。

18 ワイヤーを折りたたんで、金具の上部と合わせて接着します。

19 かんざし金具の上部を組み糸（3本どり）で巻き、糊でとめます。

〈 横から見たところ 〉

20 パーツの首部分をペンチではさみ、かんざし金具に沿わせるように上に曲げます。

21 花の位置、向きを整えます。小花のパーツは奥行きをつけた方が全体がこんもりときれいにまとまります。

〈 髪に飾って見える向き 〉

22 かんざしのでき上がりです。

羽二重について

すずまちの作品には、「絹あそび 橋本修治商店」の丹後ちりめんや羽二重（中目）を使っているものもあります。カラーバリエーションが豊富で作品をつくる上でいろいろな選択肢があっておすすめです。

本書では、つまみの布はすべて羽二重を使用しています。羽二重とは絹で織られた日本の伝統的な布で、薄い布地で上品な光沢があります。

また材料の中に匁（もんめ）という単位を用いているものが出てきますが、匁とは重さの単位で、匁が小さいほど布が薄め、匁が大きくなるほど、厚みがあり、しっかりした布になります。

6匁…軽目（かるめ）羽二重
8匁…中目（なかめ）羽二重

羽二重は非常に繊細で、つまみ布を寸法にカットするのも扱いが難しい場合があります。カットする前にスプレータイプのアイロン用のりを吹きかけてアイロン（高温で当て布をする）をかけてから使うことをおすすめします。

布の色　本書の作品は、色の組み合わせにより白羽二重を染めたりしているため色見本以外の色も出てきます。

白	ベージュ	薄紫	ピンク	濃ピンク	赤
オレンジ	濃オレンジ	黄色	くちなし	水色	空色
若草色	緑	トルコ石	緑青色	桔梗色	紫
紺	赤茶	小豆色	白銀	ブルーグレー	黒

　※印刷のため、実際の布と色味の違いがあることをご了承ください。

い

【材料】〈土台布〉ちりめん（薄茶）5×6cm 〈つまみ布〉羽二重 白／①3.5cm 角2枚・②2.5cm 角2枚・③2.5cm 角2枚・④2cm 角2枚、緑／⑤3cm 角2枚
〈その他〉☆3×4cm の帯留め金具、めしべ用ペップ（黄）3本、ボンド、接着剤

【つくり方】

1 帯留め金具の銅板に、ちりめんを切り込みを入れながらボンドで貼り、帯留め金具に接着剤で接着する。
2 つまみ布は、④以外はすべて剣裏つまみ（p.38 参照）、④は丸裏つまみ（p.37 参照）にする。
3 土台の中心から左側に糊を塗り、花びら①を葺く。
4 花びら②は、剣裏つまみの側面を土台にのせて葺く。
5 花びら③は、裏側が手前になるように葺く。③の花の根元に糊を塗り、④を足を上向きに葺く。
6 土台の右上に糊を塗り、葉⑤を葺く。
7 ペップを先から1.5cm を4本、2cm を1本カットし、長いペップが中央にくるように糊で接着する。

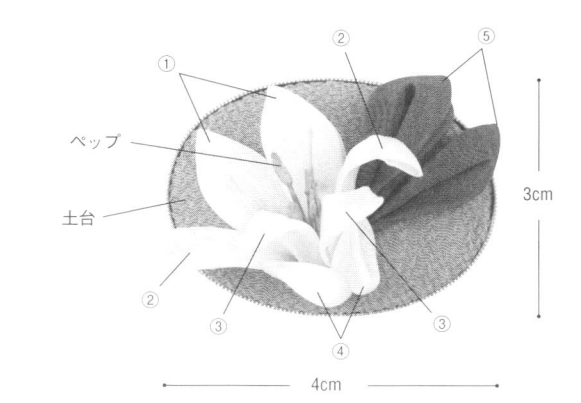

ろ

【材料】〈土台布〉ちりめん（白）5×6cm 〈つまみ布〉羽二重 黄色／①1cm 角34枚、緑／②1cm 角14枚
〈その他〉☆3×4cm の帯留め金具、ワイヤー〈#28〉14cm を1本、絹糸（緑）適宜、ボンド、接着剤

【つくり方】

1 帯留め金具の銅板に、ちりめんを切り込みを入れながらボンドで貼り、帯留め金具に接着剤で接着する。
2 つまみ布は、①丸裏つまみ（p.37 参照）、②は剣つまみ（p.38 参照）にする。①の花は下側を切って、丸い形にする（右図参照）。
3 ワイヤーに絹糸を巻いて（p.44 参照）、楕円形に二重にし、土台にボンドで接着する。
4 土台の縁から1cm のあたりにぐるりと糊を塗り、花①を両サイドにボリュームを出してバランス良く葺く。
5 葉②を葺く。

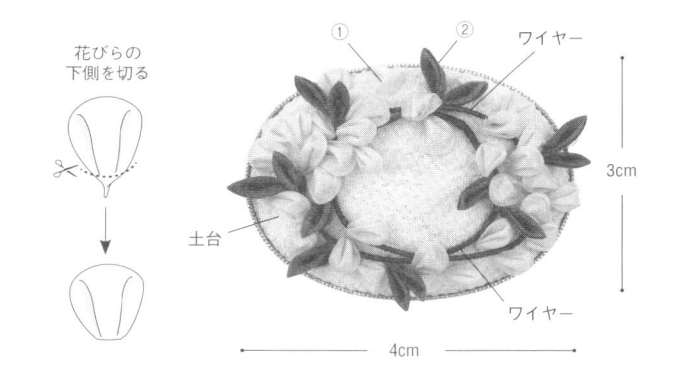

花びらの下側を切る

は

【材料】〈土台布〉ちりめん（ベージュ）5×6cm 〈つまみ布〉羽二重 白／①2.5cm 角3枚・②2.3cm 角3枚・③2cm 角3枚・④1.8cm 角3枚・⑤1.5cm 角3枚、赤／⑥2cm 角3枚・⑦1.8cm 角3枚・⑧1.5cm 角6枚、緑／⑨2.5cm 角2枚・⑩2cm 角4枚 〈その他〉☆3×4cm の帯留め金具、直径約2mm のペップ（白）8本、ボンド、接着剤

【つくり方】

1 帯留め金具の銅板に、ちりめんを切り込みを入れながらボンドで貼り、帯留め金具に接着剤で接着する。
2 つまみ布は、①〜⑧は丸つまみ（p.36 参照）、⑨・⑩は剣つまみ（p.38 参照）にする。
3 土台の左下に糊を塗り、花びら①〜⑤（白椿）を内側に向かって葺く。花びらの足は開いて形をつくり、②以降の花びらは前の花びらの間に置いて、足を開く（右図参照）。糊は順次葺くところに塗る。⑥〜⑧（赤椿）も同様に葺く。
4 中心の葉は⑨、両脇に葉⑩を葺く。
5 ペップを先から1cm にカットし、一つの花に8本のペップを糊で接着する。

花びらの葺き方

花の直径

①が3枚葺けたところ

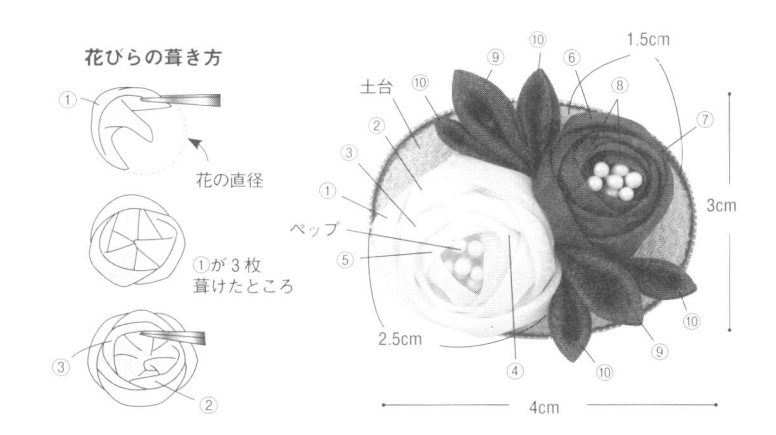

p.5

に

【材料】〈土台布〉ちりめん（薄黄緑）5 × 6cm 〈つまみ布〉羽二重 紫・6匁／① 3cm 角 6枚、黄色・6匁／② 2cm 角 9枚、緑／③ 2.5cm 角 2枚・④ 2cm 角 1枚 〈その他〉☆ 3 × 4cm の帯留め金具、直径 2mm の半玉パール 3個、ボンド、接着剤

【つくり方】
1 帯留め金具の銅板に、ちりめんを切り込みを入れながらボンドで貼り、帯留め金具に接着剤で接着する。
2 つまみ布は、①・②はひだつまみ（p.39 参照）、③・④は剣つまみ端切り（p.38 参照）にする。
3 土台の中心部分に糊を塗り、花びら①を 2枚、②を 3枚を葺いて花を一つずつ仕上げていく。
4 半玉パールの裏側にボンドを塗り、花の中心に接着する。
5 葉③は左下に、葉④は右側に葺く。

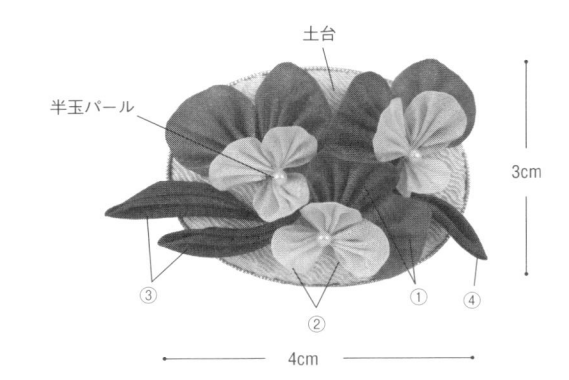

p.5

ほ

【材料】〈土台布〉ちりめん（白）5 × 6cm 〈つまみ布〉羽二重 水色・6匁／① 1.5cm 角 17枚、柳茶色／② 2cm 角 1枚・③ 2cm 角 4枚 〈その他〉☆ 3 × 4cm の帯留め金具、直径 2mm の半玉パール 6個、ボンド、接着剤

【つくり方】
1 帯留め金具の銅板に、ちりめんを切り込みを入れながらボンドで貼り、帯留め金具に接着剤で接着する。
2 つまみ布は、①は桔梗つまみ（p.39 参照／中心布は貼らない）、②は剣つまみ（p.38 参照）にし、糊板の上で足を開いておく。③は剣つまみ二重（p.38 参照）にする。
3 土台の中心部分に糊を塗り、花びら① 4枚の花を 3個、残りは写真のように散らして配置して葺く。
4 半玉パールの裏側にボンドを塗り、接着する。
5 葉②の上に葉③を 2枚葺く。

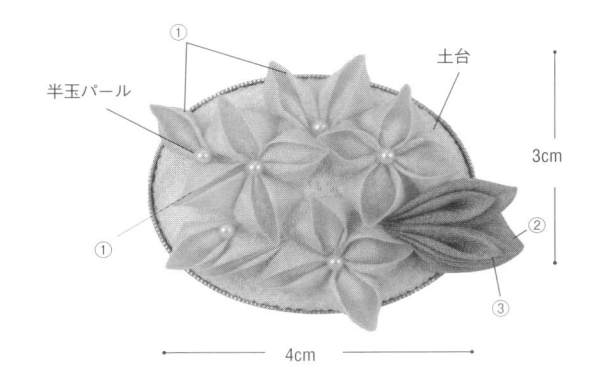

p.5

へ

【材料】〈土台布〉ちりめん（薄黄緑）5 × 6cm 〈つまみ布〉羽二重 白・6匁／① 1.5cm 角 12枚、緑／② 2cm 角 3枚 〈その他〉☆ 3 × 4cm の帯留め金具、ワイヤー〈#28〉4cm・2cm を各 1本、絹糸（緑）適宜、ボンド、接着剤

【つくり方】
1 帯留め金具の銅板に、ちりめんを切り込みを入れながらボンドで貼り、帯留め金具に接着剤で接着する。
2 つまみ布は、①・②は剣裏つまみ（p.38 参照）にする。花びら①は先の尖った部分に糊を薄く塗り、ピンセットではさんで手前に 1回巻き、カールをつける（右図参照）。
3 ワイヤーにそれぞれ絹糸を巻き（p.44 参照）、右下からゆるやかなカーブをつけてボンドで貼る。
4 花びら①を 3枚根元で貼り合わせ（右図参照）、花をつくってからワイヤーの上に葺く。
5 葉②を葺く。

花びらにカールをつける

接着する

花びらを 3枚合わせる

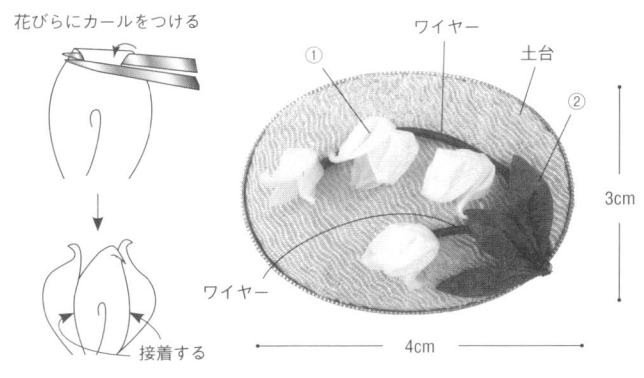

＊ひだつまみなど、特殊なつまみ方をする場合は羽二重 6匁を使用、指定以外は 8匁　＊☆の金具＝吉田商事 0122-BN、K-26、9119N

p.5 **と**

【材料】〈土台布〉ちりめん（薄茶）5×6cm　〈つまみ布〉羽二重 薄桜色・6匁／① 1.5cm角 10枚・② 1.5cm角 6枚、若草色／③ 2.5cm角 8枚・④ 2cm角 7枚　〈その他〉☆ 3×4cmの帯留め金具、直径約2mmのペップ（黄）3本、染料（オレンジ）、ボンド、接着剤

【つくり方】

1　帯留め金具の銅板に、ちりめんを切り込みを入れながらボンドで貼り、帯留め金具に接着剤で接着する。

2　つまみ布は、①は桜つまみ（p.37 参照）、②は丸裏つまみ（p.37 参照）、③はひだ寄せ剣つまみ（p.39 参照）、④は剣裏つまみ（p.38 参照）にする。

3　葉③ととがく④はつまんだ後に先端に少量の糊をつけてから、筆を使って染料で染める（p.43 参照）。

4　②は2枚を合わせて接着し、つぼみをつくる（右図参照）。土台の中心部分に糊を塗り、花びら①を5枚葺く。つぼみを葺いて、上にがく④を2枚〜3枚葺く。葉③をバランス良く花とつぼみの間に葺く。

5　ペップを先から3mmでカットし①の花の中心に糊で接着する。

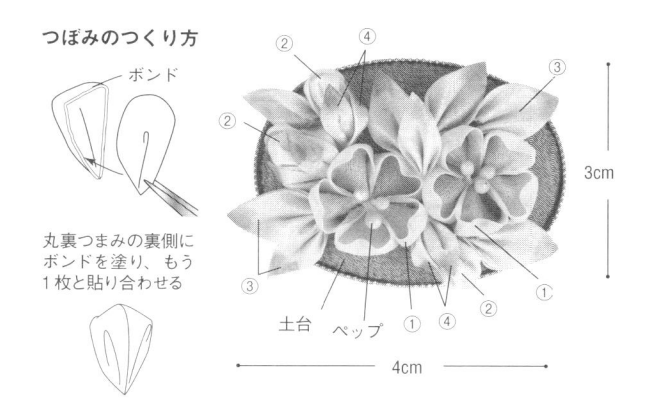

つぼみのつくり方

ボンド

丸裏つまみの裏側にボンドを塗り、もう1枚と貼り合わせる

土台　ペップ　3cm　4cm

---

p.5 **ち**

【材料】〈土台布〉ちりめん（白）5×6cm　〈つまみ布〉羽二重 ピンク／① 2.5cm角 16枚・② 1cm角 10枚　〈その他〉☆ 3×4cmの帯留め金具、直径7mmのちりめん（黒）、直径1.2mmの半玉パール19個、油性ペン（黒）、ボンド、接着剤

【つくり方】

1　帯留め金具の銅板に、ちりめんを切り込みを入れながらボンドで貼り、帯留め金具に接着剤で接着する。

2　つまみ布は、①は丸つまみの上側を2/3残す端切り（p.37 参照）をした後、糊板には置かずに裁ち目を糊で接着し、丸裏つまみにする（p.37 参照）、②は丸つまみ（p.36 参照）にする。

3　土台の中心部分に糊を塗り、花びら①を8枚、その上の間に花びら①を8枚葺く。最後に花びら②を葺く。

4　ちりめん（黒）を花の中心にボンドで貼りつけ、その周囲に半玉パールの裏側にボンドを塗り接着する。半玉パールに油性ペンで点を描いて色をつける。

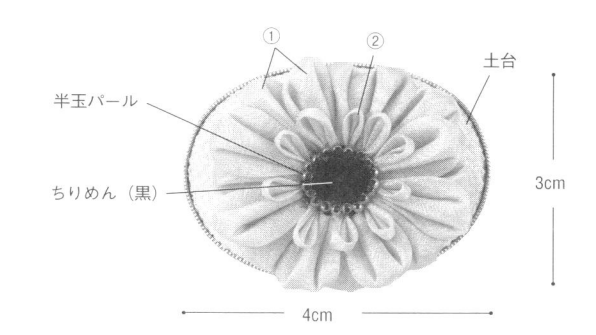

半玉パール　土台　ちりめん（黒）　3cm　4cm

---

p.5 **り**

【材料】〈土台布〉ちりめん（薄茶）5×6cm　〈つまみ布〉羽二重 白・6匁／① 3cm角 12枚、黄色・6匁／② 1cm角 12枚・③ 1.5cm角 6枚、緑／④ 3cm角 2枚　〈その他〉☆ 3×4cmの帯留め金具、直径約2mmのペップ（白）1本、ボンド、接着剤

【つくり方】

1　帯留め金具の銅板に、ちりめんを切り込みを入れながらボンドで貼り、帯留め金具に接着剤で接着する。

2　つまみ布は、①の上に②の布を接着し（p.39 桔梗つまみ -1 参照）ひだつまみ（p.39 参照）、③は丸つまみ変形（下図参照）、④は剣つまみ端切り（p.38 参照）にする。

3　土台中央に糊を塗り、花びら①6枚を2個葺く。花芯③を3枚立てるように輪に葺き、葉④を葺く。

4　ペップの根元からカットし、花芯の中央に糊で接着する。

花びら①の準備

①の布の上に②の布を接着する。②の布は三角の内側になるように折る

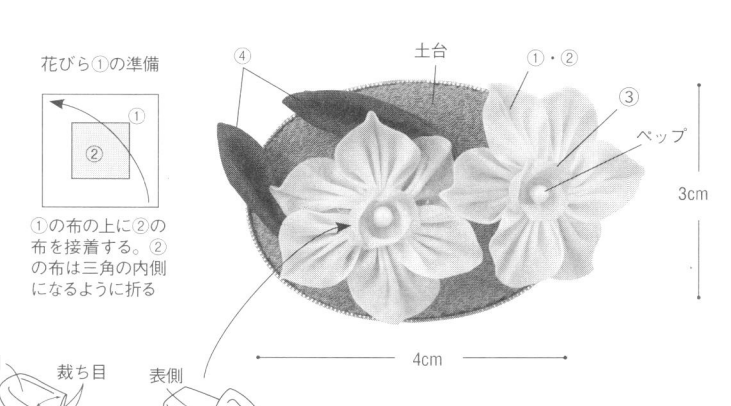

土台　①・②　ペップ　3cm　4cm

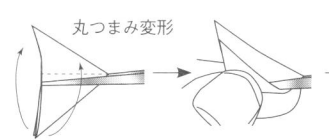

丸つまみ変形

丸つまみ（p.36）5のあと、真ん中より少し下側をピンセットではさんで持ち、下側の布を持ち上げる

裏側になる　裁ち目

裁ち目を糊板にのせる

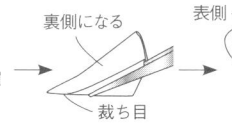

表側　裁ち目

糊板から持ち上げ、上下を逆さにして裁ち目を開く

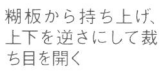

表側　裏側

花びらの中央に重ねながら円を描くように3枚葺く

ぬ

【材料】〈つまみ布〉羽二重 紫・6匁／①5cm角3枚・②2cm角2枚、白・6匁／③3cm角2枚、若草色・6匁／④4cm角2枚・⑤4cm角2枚　〈その他〉ワイヤー〈＃22〉12cmを1本、めしべ用ペップ（黄）4本、ワイヤー〈＃30〉適宜、絹糸（緑）適宜、ボンド

【つくり方】

1　ペップ4本を二つ折りにして、根元をワイヤー〈＃30〉で巻き、1.5cmの長さに切る。ワイヤー〈＃22〉と合わせて、一緒に絹糸を巻き（下図参照）、右写真のようにペップの根元から2.5cmのところで直角に曲げる。

2　つまみ布は、①・③はひだつまみ（p.39参照）、②は剣つまみの先を裂く（p.39参照）にし、裂いた部分に糊をつけてピンセットに巻きつけ、カールさせる。

3　ワイヤーに糊を塗り、花びら①を3枚葺く。花びら③を花びら①の手前・下側のワイヤーに葺く。③の花びらの根元に②を2枚葺く。

4　葉④をワイヤーの角をおおうように2枚貼り合わせる（p.51「と」つぼみのつくり方参照）。葉⑤は表の下側に糊をつけ、葉④の上に葺く。

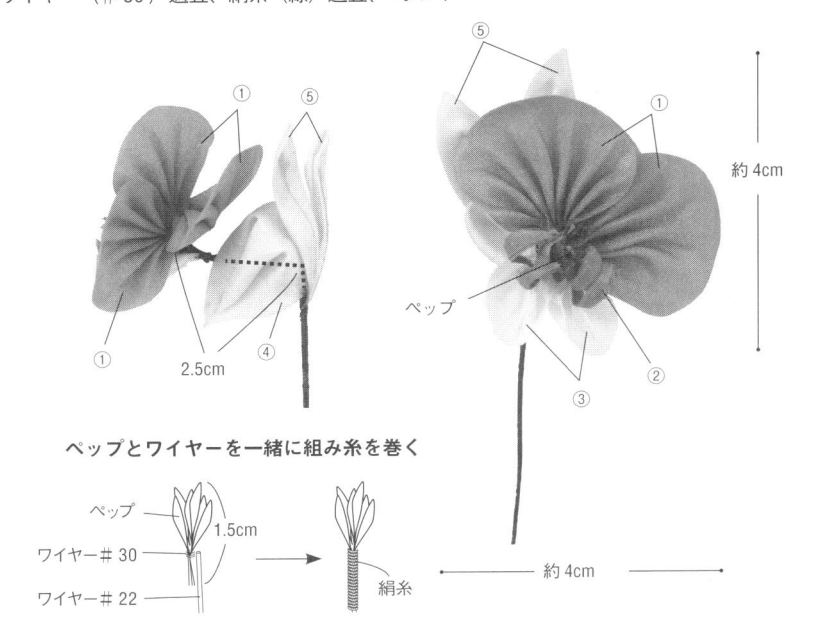

ペップとワイヤーを一緒に組み糸を巻く

約4cm

2.5cm

ペップ

ペップ
ワイヤー＃30
1.5cm
絹糸
ワイヤー＃22
約4cm

る

【材料】〈土台布〉ちりめん（薄ピンク）3×2cmを5枚〈つまみ布〉羽二重 薄桜・6匁／①2.5cm角33枚、ピンク・6匁／②2.5cm角2枚　〈その他〉ワイヤー〈＃24〉12cmを5本、めしべ用ペップ（薄ピンク）3本、ワイヤー〈＃30〉適宜、組み糸（白）・絹糸（緑）適宜、ボンド

【つくり方】

1　ワイヤーを下図のように形に曲げてつくり、土台布をボンドで貼る。5本つくる。

2　つまみ布は、すべて剣つまみの先を裂く（p.39参照）にする。

3　土台4本に糊を塗り、花びら①を1つの土台に7枚葺く。土台1本に糊を塗り①を5枚、②を2枚を入れて葺く（下図参照）。

4　ペップを二つ折りにしてワイヤー〈＃30〉でまとめてから上に白の組み糸を巻く（右図参照）。2.5cmにカットし、花びらの中央になるように花びらと合わせて、緑の絹糸を巻く（p.44参照）。

ペップをまとめる

2.5cm

白の組み糸

ペップ

①

②

緑の絹糸でワイヤー5本とペップを合わせて巻く

約7cm

ワイヤーで土台をつくる

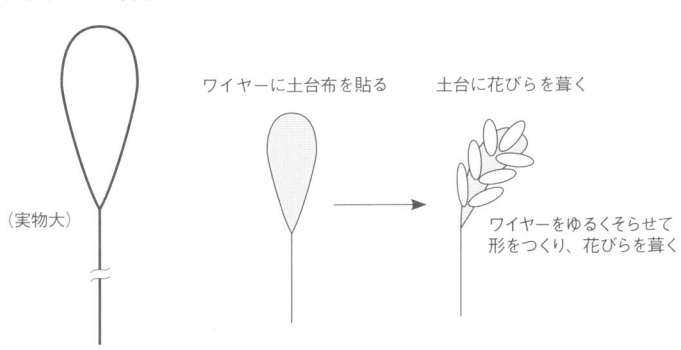

（実物大）

ワイヤーに土台布を貼る

土台に花びらを葺く

ワイヤーをゆるくそらせて形をつくり、花びらを葺く

　＊ひだつまみなど、特殊なつまみ方をする場合は羽二重6匁を使用、指定以外は8匁

を

【材料】〈土台〉直径 1.2cm のスチロール球を 2 個 〈土台布〉薄布（白）2.5cm 角 2 枚 〈つまみ布〉羽二重 紫・6 匁／①3.5cm 角 10 枚・②3.5cm 角 10 枚、緑・6 匁／③2.5cm 角 10 枚・④6cm 角 3 枚 〈その他〉ワイヤー〈♯30〉（緑）適宜、ワイヤー〈♯22〉12cm を 2 本、直径約 2mm のペップ（白）10 本、絹糸（緑）適宜、ボンド

【つくり方】

1 スチロール球を図のような円錐形に指で押しつぶし、ワイヤー〈♯22〉12cm を通し、土台布をボンドで貼る（p.41 参照）。
2 ペップ 5 本を二つ折りにして、根元をワイヤー〈♯30〉で巻き、5mm 残して余分を切り落とす。スチロール土台にボンドをつけてペップを挿し入れ（右図参照）、ワイヤーを絹糸で巻く。
3 つまみ布は、①・③は丸裏つまみ（p.37 参照）、②・④は剣つまみ端切り（p.38 参照）にする。④の裏にワイヤー〈♯30〉12cm をボンドで接着しておく。
4 土台に糊を塗り、①を 5 枚葺く。その上から花びら②を 5 枚葺く。がく③はワイヤーのきわから花びらに沿わせるように葺く。同様にして花をもう 1 本つくる。
5 葉④にカーブをつけて形を整え、リンドウの花 2 本、葉 3 本のワイヤーをまとめ、絹糸で巻く（p.44 参照）。

スチロール土台

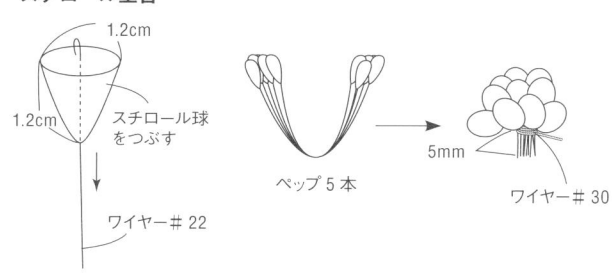

ペップ 5 本　　5mm　　ワイヤー♯30

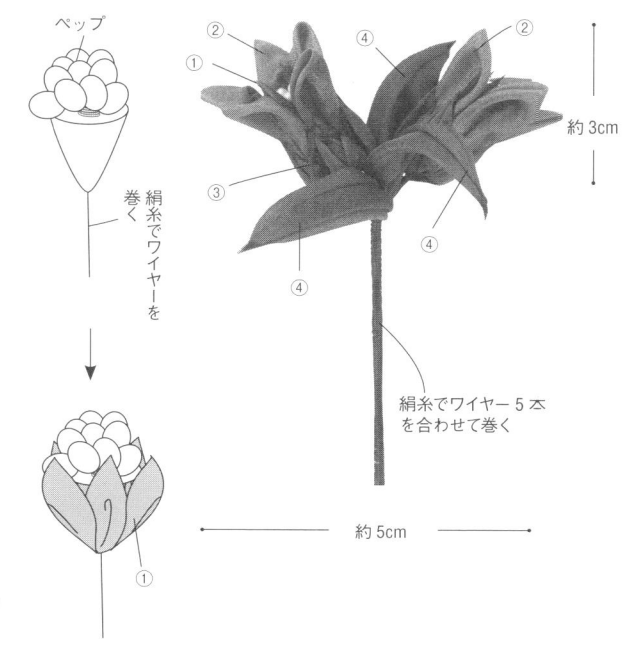

約 3cm

絹糸でワイヤー 5 本を合わせて巻く

約 5cm

わ

【材料】〈土台〉直径 1.2cm の足つき平土台を 8 本（ワイヤー〈♯24〉12cm）〈土台布〉薄布（白）2.5cm 角 8 枚 〈つまみ布〉羽二重 白／①1.5cm 角 88 枚、ちりめん 黄色／②1cm 角 8 枚 〈その他〉直径 3mm のパールビーズ 8 個、絹糸（緑）適宜、ボンド

【つくり方】

1 直径 1.2cm にカットした厚紙で足つき平土台をつくる（p.40 参照）。
2 つまみ布は①は返しなしの丸つまみ（p.37 参照）にする。
3 平土台に花びら①を 10 ～ 11 枚（基本は 11 枚）葺く。これを 8 本つくる。
4 パールビーズに、②の布を切り込みを入れながらボンドで貼って花芯を 8 個つくり（下図参照）、花の中央に糊で接着する。
5 土台のワイヤーに絹糸を巻き（p.44 参照）、8 本のワイヤーをまとめ、絹糸で巻く。

2cm

約 5cm

花芯のつくり方

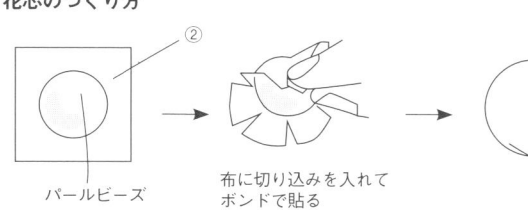

パールビーズ　　布に切り込みを入れてボンドで貼る

か

【 材料 】 〈土台〉厚紙 6 × 3cm 〈土台布〉薄布（白）10 × 6cm 〈つまみ布〉羽二重 白／① 2cm 角 5 枚・② 3cm 角 18 枚・③ 2.5cm 角 9 枚、赤／④ 2cm 角 1 枚・⑤ 2.5cm 角 2 枚 〈その他〉U ピン 1 本、ワイヤー 〈♯ 22〉12cm を 1 本、金糸巻きワイヤー 7cm を 1 本・4cm を 2 本、組み糸（白・黒）適宜、ボンド

【つくり方】

1 厚紙で土台をつくり、ワイヤーを通して足つき平土台を つくる。切り込みを入れながら土台布をボンドで貼る （p.40 参照）。

2 金糸巻きワイヤー 7cm の先から約 3mm 下側に白の組 み糸を巻く（顔〜首）。巻き始めから約 1cm は数回同じ ところに組み糸を巻いて顔をつくり、そこから下側は普 通に組み糸を巻く（p.44 参照）。

3 土台に首と脚の金糸巻きワイヤー 4cm 2 本をボンドで 貼る。

4 つまみ布は、①・④は丸つまみ（p.36 参照）、②・③・ ⑤は剣つまみ端切り（p.38 参照）にする。

5 土台に糊を塗り、首のきわ、土台の小さな半円に沿って ①を 2 枚葺き、その上に立てるように①と④を葺いて、 足を広げる（ボディ）。

6 土台のカーブに沿って② -1 を 5 枚ずつ葺く。続けて③ を 4 枚ずつ葺く。①の広げた足の間に③・⑤を葺く（尾）。

7 ② -2 をボディの下に入れこみながら② -1 の上に 4 枚ず つ葺く。この時、頭側の 1 枚は下の羽に沿わせるように 上側を曲げる（写真参照）。

8 土台のワイヤーに黒の組み糸を巻き、U ピンと合わせる （p.45 参照）。

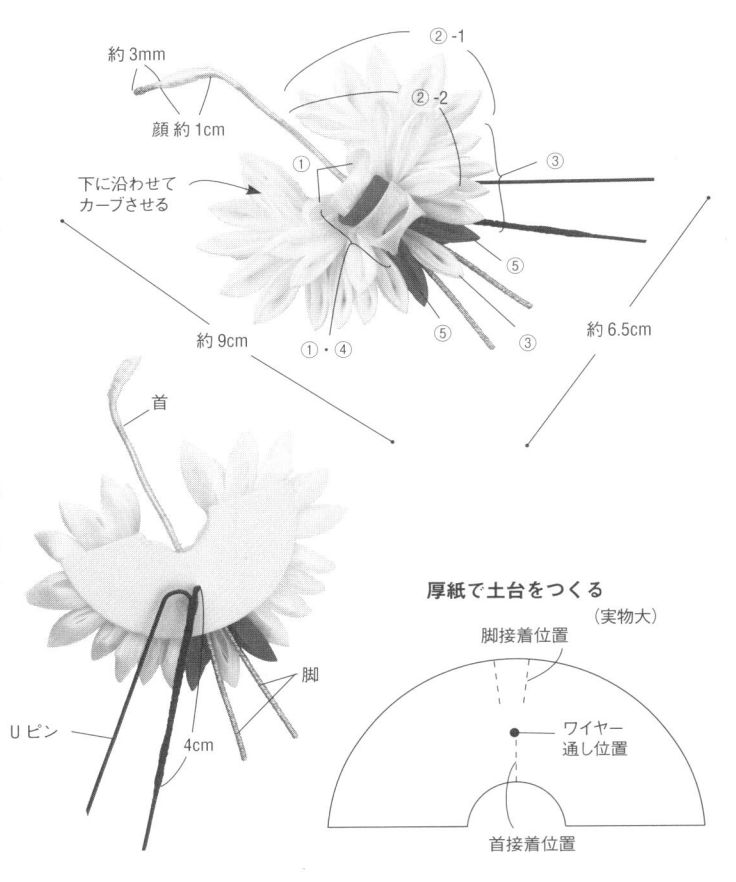

約 3mm
顔 約 1cm
下に沿わせて カーブさせる
② -1
② -2
①
③
⑤
約 6.5cm
約 9cm
① ・ ④
⑤

首
厚紙で土台をつくる
（実物大）
脚接着位置
ワイヤー 通し位置
U ピン
脚
4cm
首接着位置

よ

【 材料 】 〈土台布〉ちりめん（ライトグレー）6cm 角 〈つまみ布〉羽二重 白／① 3cm 角 7 枚、紺／② 2.5cm 角 5 枚、ブルーグレー／③ 2.5cm 角 5 枚、白銀／④ 2.5cm 角 4 枚、ピンク／⑤ 1cm 角 10 枚 〈その他〉直径 4cm のブローチ金具、直径約 1.5mm のペップ（ブロンズ）1 本、ボンド

【つくり方】

1 ブローチ金具の土台にちりめんをボンドで貼り、余分な 布を切り落とす。

2 つまみ布は、①は返しなしの丸つまみ端切り（p.37 参 照）、②〜④は剣つまみ端切り（p.38 参照）、⑤は丸つ まみ（p.36 参照）にする。

3 土台の下側に糊を塗り、①を土台の上から 1cm あけた ところから向きを変えたもの 2 枚を間に入れながら葺 く。②〜④を順番にバランス良く、山の稜線を意識しな がら向きを交互に変えて葺く。

4 土台左上に糊を塗り、花びら⑤を 5 枚ずつ葺く。足を 開いて整える。

5 ペップを頭の根元からカットし、花の中心に糊で接着す る。

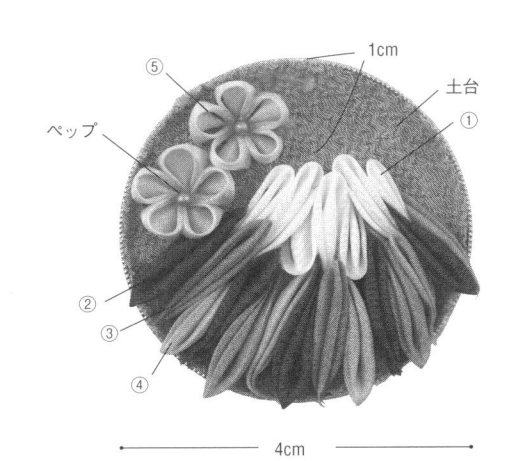

1cm
土台
①
⑤
ペップ
②
③
④
4cm

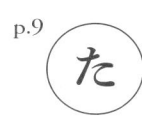

p.9 **た**

【材料】〈土台〉足つき平土台 直径4cmを1本・直径1.8cmを2本（ワイヤー〈#22〉12cm）〈土台布〉薄布（白）7.5cm角1枚、3.5cm角2枚 〈つまみ布〉羽二重 ベージュ／①4cm角6枚・②3.5cm角6枚・③3cm角6枚・④2.5cm角3枚・⑤2.5cm角7枚、白／⑥2.5cm角7枚、若草色／⑦7cm角5枚 〈その他〉10山のコーム、直径約2mmのペップ（ブロンズ）15本、組み糸（黒）適宜、ワイヤー〈#30〉適宜、ボンド

【つくり方】

1 厚紙で足つき土台をつくり、土台布をボンドで貼る（p.40参照）。

2 つまみ布は①～⑥は丸つまみ（p.36参照）、⑦は剣つまみ端切り（p.38参照）にして裁ち目を糊で接着する。⑦が乾いたら剣裏つまみ（p.38参照）にして、全体に糊を薄く塗り、カーブさせて形をつくる。

3 直径4cmの土台に糊を塗り、花びら①を6枚土台に合わせて葺き、足を開いて形を整える（1周め）。2周めは花びら②を1周めの①をまたぐように葺く。3周めは花びら③を同様に葺き、4周めは花びら④を3枚葺く（カメリア）。

4 1周めの花びらと土台の間に⑦の足を差し入れて接着する。

5 直径1.8cmの土台に糊を塗り、花びら⑤・⑥をそれぞれ葺いて小花をつくる（p.40参照）。

6 小花のペップは頭の根元でカットして13個つくり、糊で接着する。カメリアのペップは8本を二つ折りにしてワイヤー〈#30〉でまとめ（下図参照）、花の中に挿し入れて接着する。

7 土台のワイヤーに黒の組み糸を巻き、3本をまとめてからコームと合わせ、組み糸で巻く（p.44、下図参照）。

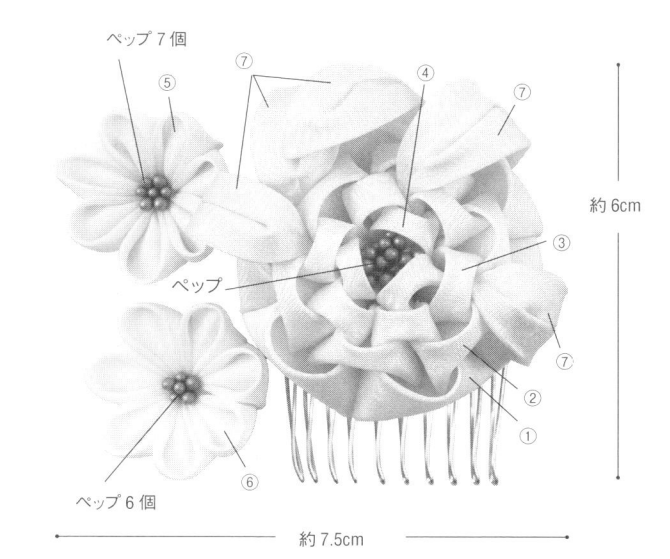

ペップ7個
⑤
⑦
④
⑦
約6cm
③
ペップ
⑦
②
①
⑥
ペップ6個
約7.5cm

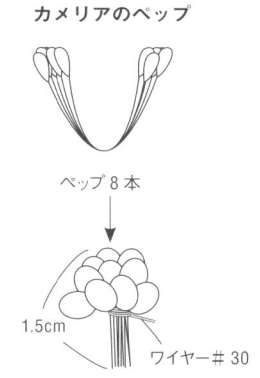

カメリアのペップ

ペップ8本

1.5cm
ワイヤー#30

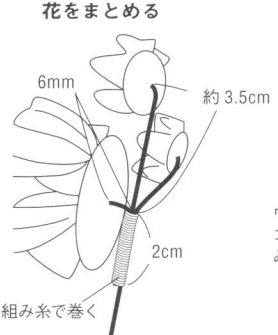

花をまとめる

6mm
約3.5cm
2cm
組み糸で巻く

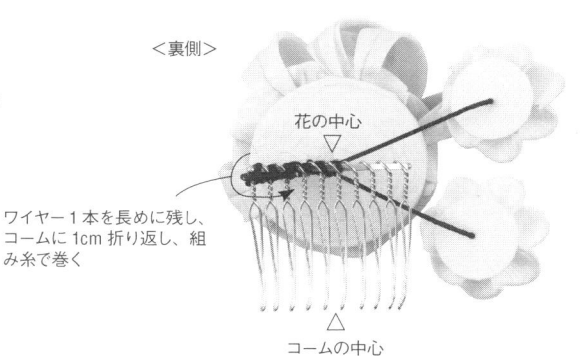

〈裏側〉

花の中心

ワイヤー1本を長めに残し、コームに1cm折り返し、組み糸で巻く

コームの中心

---

p.13 **ら**

【材料】〈土台布〉薄布（白）2cm角を2枚 〈つまみ布〉羽二重 薄緑／①2cm角8枚、赤／②2cm角2枚、黒／③1.5cm角2枚 〈その他〉直径1.5cmの台つきピアス金具1組、直径約2mmのペップ（黒）3本、ワイヤー〈#24〉1.5cmを2本、絹糸（緑）適宜、ボンド

【つくり方】

1 ピアス金具の台にボンドを塗り、土台布を貼って余分な布を切り落とす。

2 つまみ布は、すべて丸裏つまみ（p.37参照）にする。

3 土台に糊を塗り、①を4枚葺き、その中央に②、②の下にもぐり込ませて③を葺く。

4 ペップを頭の根元からカットし、②の上に糊で3個接着する。

5 ワイヤーに絹糸を巻き（p.44参照）、曲げて茎の形にして先端にボンドを塗り、土台と①の間に接着する。

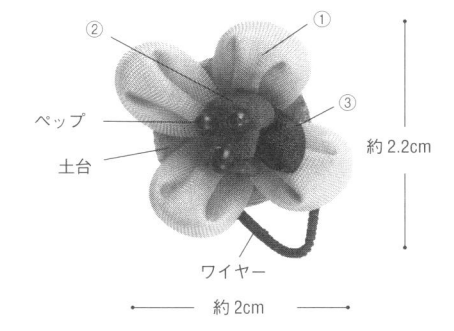

②
①
ペップ
③
約2.2cm
土台
ワイヤー
約2cm

55

p.10 （れ）（そ）

【材料】〈土台〉直径3cmの足つきスチロール球を1個（ワイヤー〈#22〉12cm）〈土台布〉薄布（白）7cm角 〈つまみ布〉羽二重 れ＝赤・そ＝オレンジ／①1.5cm角110枚、黄緑（共通）／②1.5cm角15枚 〈その他〉長さ12cmの1穴のかんざし（れ＝黒、そ＝シルバー）、直径1.2mmの半玉パール（金）18個、直径6mmの丸カン1個、ボンド

【つくり方】
1 土台布を切り込みを入れながら、スチロール球にボンドで貼り、ワイヤーの先を曲げて丸カンをつけてからスチロール球に挿し通して土台をつくる（下図参照）。
2 つまみ布は、①は丸つまみ（p.36参照）、②は剣つまみ（p.38参照）にする。
3 土台に糊を塗り、①5枚の花を球全体で18個になるように葺く。間を残った①で埋めるように葺き、葉②をバランス良く配置して葺く。糊が乾いたら、下側に出ているワイヤーをカットする。
4 花の中心に半玉パールを糊で接着する。
5 土台の先にある丸カンにかんざしをつける（右下図参照）。

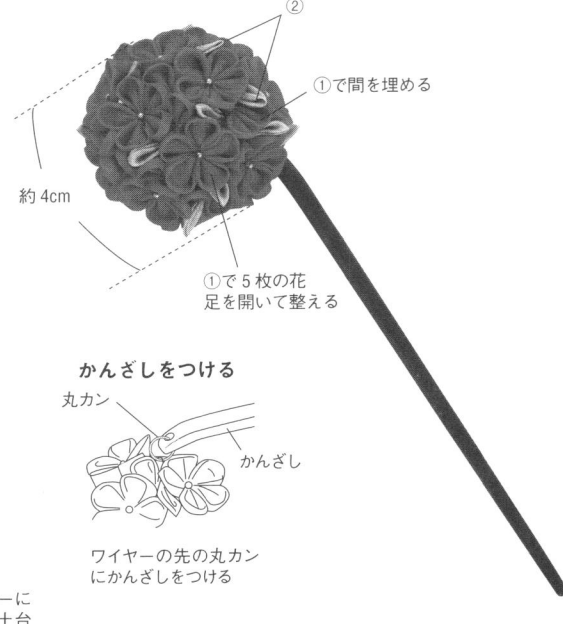

②
①で間を埋める
約4cm
①で5枚の花 足を開いて整える

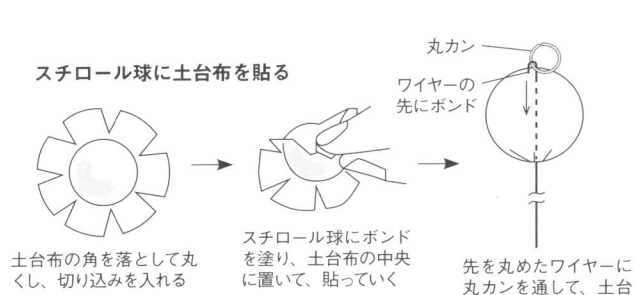

スチロール球に土台布を貼る

土台布の角を落として丸くし、切り込みを入れる

スチロール球にボンドを塗り、土台布の中央に置いて、貼っていく

丸カン
ワイヤーの先にボンド
先を丸めたワイヤーに丸カンを通して、土台に挿し入れる

かんざしをつける

丸カン
かんざし
ワイヤーの先の丸カンにかんざしをつける

---

p.11 （つ）

【材料】〈土台〉直径3.5cm 半くすスチロール土台を1個 〈土台布〉ちりめん（白）6cm角 〈つまみ布〉羽二重 白／①5cm角13枚・②2.5cm角14枚、水色／③5cm角6枚・④2.5cm角14枚、瑠璃色／⑤5cm角6枚・⑥2.5cm角14枚 〈その他〉直径3cm 2wayコサージュクリップ、唐打ちひも（白）12cmを6本、ワイヤー〈#22〉1.5cmを3本、直径6mmの丸カン3個、5mmのクリスタル3個、ボンド、接着剤

【つくり方】
1 スチロール土台を図の大きさにカットし（下図参照）、土台布を切り込みを入れながら土台にボンドで貼る。裏側に折り代がくるように貼り、クリップに接着剤で接着する。
2 つまみ布は、①は丸つまみ端切り（p.37参照）、③・⑤は剣つまみ端切り（p.38参照）、②・④・⑥は丸つまみ（p.36参照）にする。
3 土台に糊を塗り、①を土台の頂点の縁中央から放射状に5枚、その間に2枚ずつ葺く。③・⑤を上側はそれぞれ1枚ずつ、下側は間に1枚ずつバランス良く葺く。
4 唐打ちひもで下がりをつくる（p44・45参照）。一番下の唐打ちひもはつまみ布に合わせてカットする。上部のひもは丸カン1個に2本を通してから折り返してボンドで接着する。
5 ワイヤーをUの字に曲げ、丸カンをUに通してワイヤーの先にボンドをつけてから土台の底に差し込む。
6 クリスタルの裏にボンドを塗り、バランス良く接着する。

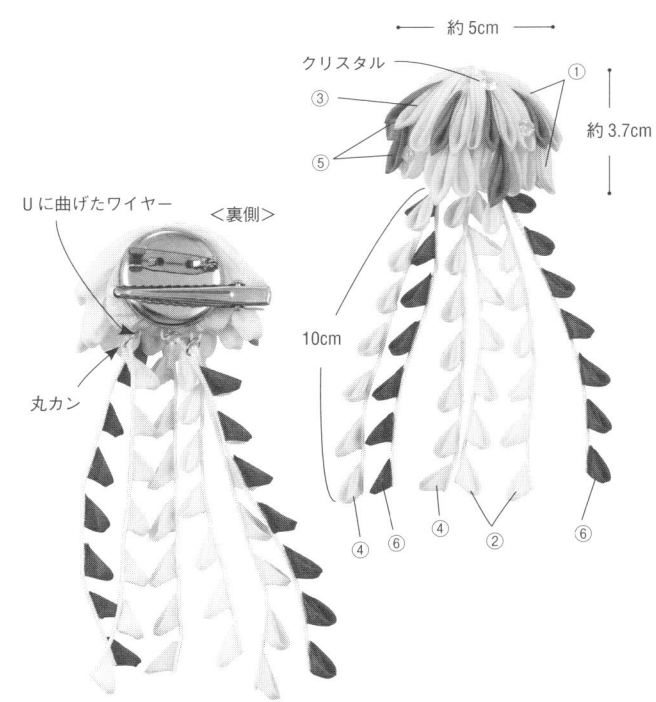

約5cm
クリスタル
③
⑤
①
約3.7cm
Uに曲げたワイヤー
〈裏側〉
10cm
丸カン
④⑥④②⑥

半くすスチロール土台をカット

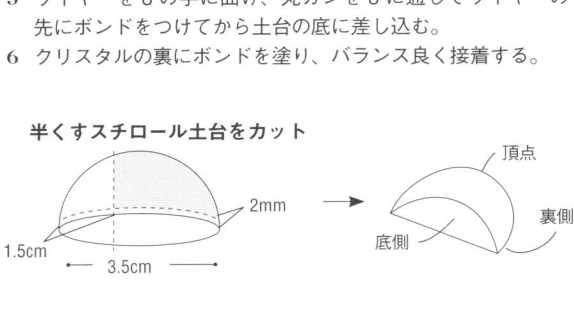

頂点
2mm
1.5cm
3.5cm
底側
裏側

＊ひだつまみなど、特殊なつまみ方をする場合は羽二重6匁を使用、指定以外は8匁

p.13

【材料】〈土台〉直径 3cm 半くすスチロール土台を 1 個　〈土台布〉ちりめん（白）6cm 角　〈つまみ布〉羽二重 白／①3cm 角 1 枚・②2.5cm 角 4 枚、水色／③2.5cm 角 4 枚・④2cm 角 2 枚、黄色／⑤1.5cm 角 1 枚　〈その他〉直径 3cm 2way コサージュクリップ、直径約 2mm のペップ（黒）1 本、ワイヤー〈#28〉1cm を 6 本、組み糸（黒）適宜、ボンド

【つくり方】

1　土台布を、切り込みを入れながらスチロール土台にボンドで貼る。平面の側に折り代がくるように貼り、コサージュクリップに接着剤で接着する。

2　つまみ布は、すべて丸裏つまみ（p.37 参照）にする。

3　土台の上部に糊を塗り、中央に①を葺き、両サイドに②を 2 枚ずつ葺く。頭の形になるように少しなでつけて整える。次に土台の両サイドに糊を塗り、③を 2 枚、その下に④を 1 枚を両脇に葺く。①の足元に⑤を葺く。

4　ペップを頭の根元からカットし、②の上に糊で接着する。

5　ワイヤーに組み糸を巻き（p.44 参照）、3 本ずつまとめ、先にボンドをつけて土台に挿し込む。

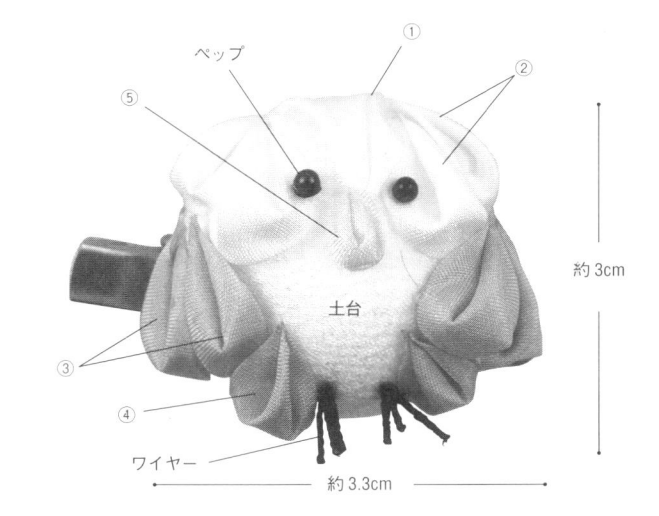

ペップ　①　②　約3cm　⑤　土台　③　④　ワイヤー　約3.3cm

---

p.12

【材料】〈土台〉直径 1.5cm 足つき平土台を 9 本（ワイヤー〈#22〉12cm）　〈土台布〉薄布（白）3cm 角 9 枚　〈つまみ布〉羽二重 白／①2cm 角 14 枚・②1.5cm 角 28 枚、くちなし／③2cm 角 4 枚・④1.5cm 角 8 枚　〈その他〉スリーピン 2 個、金糸巻きワイヤー 4cm を 9 本、組み糸（白・黒）適宜、ボンド

【つくり方】

1　厚紙に土台布をボンドで貼り足つき平土台をつくる（p.40 参照）。ボンドが乾いてから右下図のようにカットする。

2　つまみ布はすべて丸つまみ（p.36 参照）にする。

3　土台に糊を塗り、羽根①を土台の切り込みの縁に合わせて葺き、下の羽根②を葺く。足を開いて形を整え、①の足に合わせて中に②を葺く。これを 7 本、③・④の蝶を 2 本つくる。

4　金糸巻きワイヤーで触覚を 9 本つくり（右下図参照）、羽根の間にボンドで接着する。

5　土台のワイヤーに白の組み糸を巻き、土台の根元から約 6cm にカットする。下図を参照して、❶〜❽の順に組み上げる。

6　ワイヤー 1 本の先をスリーピンの穴に通し、折り曲げる。黒の組み糸でスリーピンの棒の部分とワイヤーを一緒に巻く。反対側も同様にする。

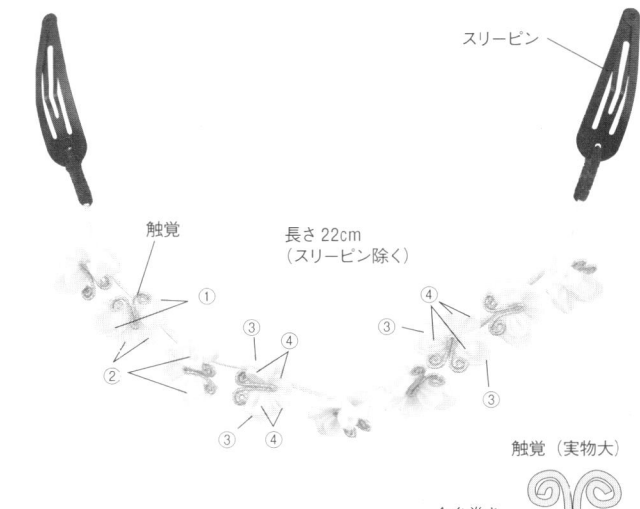

スリーピン

触覚　長さ22cm（スリーピン除く）　①　④　③　④　③　②　④　③　③　④

触覚（実物大）

金糸巻きワイヤー

組み上げ方

❸逆向きの蝶のワイヤー・④を合わせて組み糸を巻く　❸の糸を巻く方向　❹　❺逆向きの蝶

❶この 2 本の間を約 4.5cm 組み糸を巻き、糸を切る　❷の糸を巻く方向　❻

❶の糸を巻く方向　❼

ワイヤーを 1cm 折り返してから、スリーピンに通してを黒の組み糸で巻く　4.5cm　❷逆向きの蝶のワイヤーを❶の間に合わせて新たな組み糸を巻く　❺〜❼の蝶を合わせながら糸を巻く方向　❽逆向きの蝶

〈裏側〉

土台をつくる

切り込み　ワイヤー通し位置　（実物大）

p.13 **む**

【材料】〈土台布〉ちりめん（生成り）5cm 角　〈つまみ布〉羽二重 ピンク／① 2cm 角 4枚・② 2cm 角 3枚、濃ピンク／③ 2cm 角 4枚・④ 2.5cm 角 15枚　〈その他〉4cm 角のブローチ金具（シルバー）、ワイヤー〈♯ 22〉5cm を 3本、組み糸（黒、白）・絹糸（ピンク）適宜、ボンド

【つくり方】

1　ブローチ金具にボンドを塗り、土台布を貼る。余分な布は切り落とす。

2　つまみ布は、①内＋③外の丸つまみ二重（p.37 参照）、②・④は剣つまみ端切り（p.38 参照）にする。

3　①＋③の二重つまみを金具の角から約 1.5cm のところに 4枚葺き、②を 3枚、右の二重つまみの中に葺く。フラミンゴの羽をイメージして上部に④を 9枚、下部に 6枚葺く。

4　ワイヤーの 1本は先端から約 3mm を黒の組み糸で巻き、そこから約 5mm を白の組み糸で少しふくらみを持たせて巻き、その先はピンクの絹糸を巻く（首）（p.44 参照）。残り 2本のワイヤーはピンクの絹糸で巻く（脚）。

5　写真を参照して、首は頭のところから曲げ、脚は脚先を約 8mm 直角に曲げる。1本は脚を上げているように曲げて形をつくり、ワイヤーの根元にボンドをつけて土台とつまみ布の間に接着する。

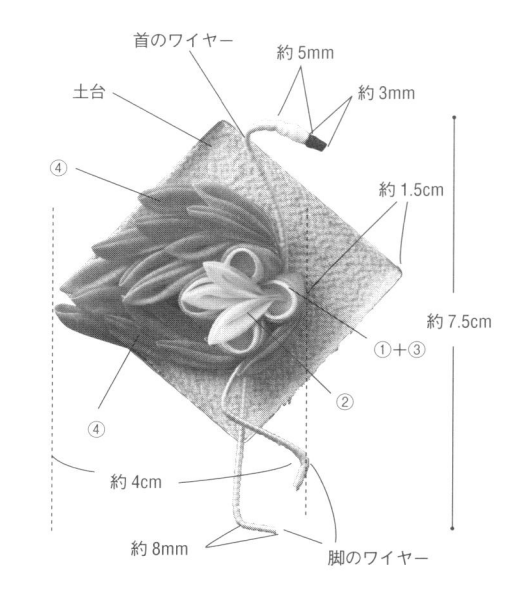

首のワイヤー
約 5mm
約 3mm
土台
④
約 1.5cm
④
①＋③
②
約 7.5cm
④
約 4cm
約 8mm
脚のワイヤー

p.13 **う**

【材料】〈土台布〉ちりめん（生成り）3 × 8cm　〈つまみ布〉羽二重 トルコ石／① 1.5cm 角 16枚、小豆色／② 2.5cm 角 4枚、白／③ 1.5cm 角 18枚・④ 3cm 角 2枚　〈その他〉1.6 × 6.5cm のバレッタ金具（銅板つき・金）、直径約 2mm のペップ（黒）1本・（白）8本、組み糸（白）適宜、ボンド、接着剤

【つくり方】

1　バレッタ金具の銅板にボンドを塗って、土台布を貼り、本体に接着剤で接着する。

2　つまみ布は、すべて丸つまみ端切り（p.37 参照）にする。

3　土台の中央部分に糊を塗り、頭①の 3枚を葺く。続けて①背中を前のつまみ布に少し乗せるように斜めに葺いていく。

4　②を葺き、頭①を囲むように③を葺き、続けて体に沿って葺く。しっぽ④は体に沿わせるように曲げて葺く。

5　黒のペップを頭の根元からカットし、目の位置に糊で接着する。

6　白のペップ 2本を二つ折りにし、足元を組み糸で巻いてまとめる（下図参照）。土台にボンドで接着する。

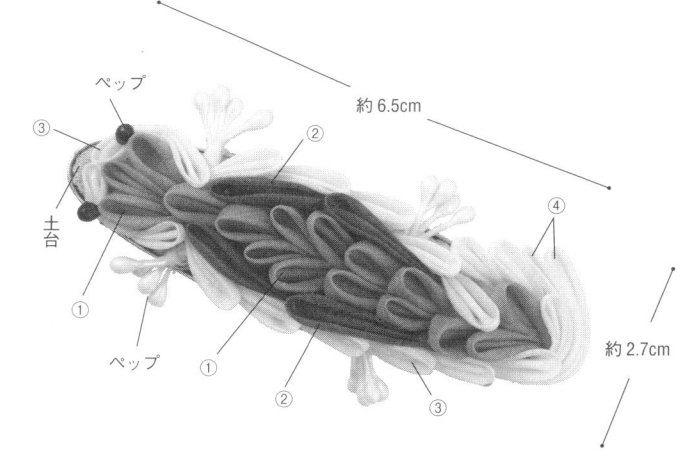

ペップ
③
約 6.5cm
②
土台
①
④
①
ペップ
①
②
約 2.7cm
②
③

足のペップ

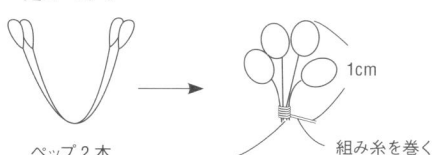

ペップ 2本
ペップをカット
組み糸を巻く
1cm

　＊ひだつまみなど、特殊なつまみ方をする場合は羽二重 6匁を使用、指定以外は 8匁

p.13 **ゐ**

【**材料**】〈土台〉厚紙 6×8cm を 2 枚　〈土台布〉ちりめん（生成り）8×10cm を 2 枚　〈つまみ布〉羽二重
小豆色／① 2cm 角 35 枚、赤茶／② 2cm 角 4 枚　〈その他〉直径約 2mm のペップ（黒）1 本、ボンド

【**つくり方**】

1　厚紙に土台を写して切り、ボンドを塗って土台布を貼る。左右
　　対称に 2 枚つくり、貼り合わせる（p.41 参照）。
2　つまみ布は、すべて剣つまみ（p.38 参照）にする。
3　1 列めは、型紙の尖った部分から約 1.5cm あけて、1 列め葺
　　き位置に 8 枚葺く。2 列めは 1 列めの間になるように①を 8 枚、
　　②を 1 枚葺く。3 列めも同様に前列の間に①を 8 枚、②を 1
　　枚葺く。4 列め①を 6 枚・②を 1 枚、5 列め①を 5 枚・②を
　　1 枚葺く。
4　ペップを頭の根元でカットし、鼻先と目に糊で接着する。

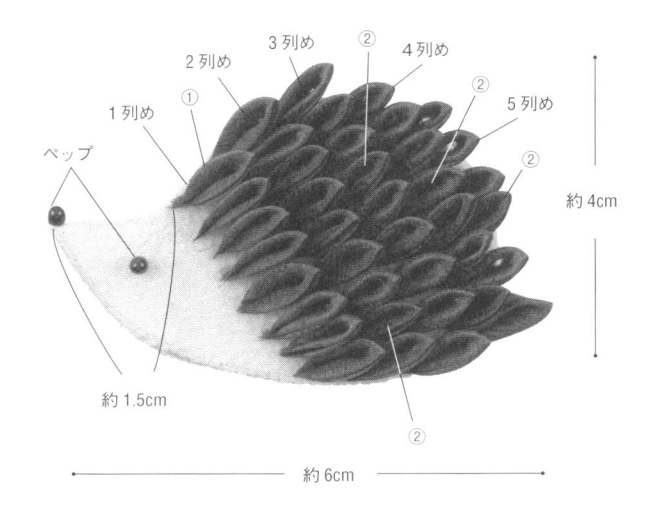

厚紙で土台を 2 枚つくる

（実物大）

1 列め
葺き位置

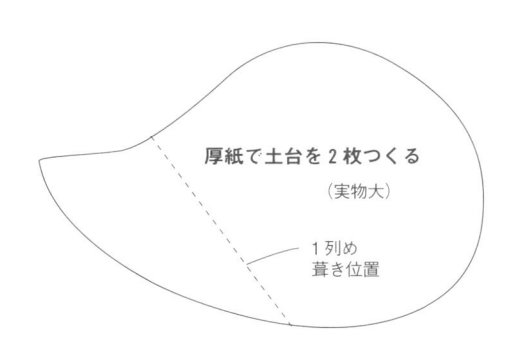

---

p.14 **の**

【**材料**】〈土台布〉ちりめん（ベージュ）4×9cm　〈つまみ布〉羽二重 空色／① 2cm 角 9 枚、
水色／② 2cm 角 27 枚、ブルーグレー／③ 2cm 角 9 枚、紺／④ 2cm 角 9 枚　〈その他〉1.6×6.5cm
のバレッタ金具（銅板つき・金）、直径約 2mm のペップ（金）5 本、ボンド、接着剤

【**つくり方**】

1　バレッタ金具の銅板にボンドを塗って土台布を貼り、本体に接着剤で接着する。
2　つまみ布は、①外＋②内・②外＋③内・②外＋④内の剣つまみ二重（p.38 参照）にする。
3　土台の中央部分に糊を塗り、中心の花びら②＋③を 9 枚葺き、続けて両サイドの①＋②、②＋④を同様に葺く。
4　ペップを頭の根元からカットし、花の中心に 3 個ずつ糊で接着する。

p.14 **お**

【材料】〈土台〉直径1.3cm 足つき平土台を4本 〈土台布〉薄布(白)2.5cm 角を4枚 〈つまみ布〉羽二重 白／①2.5cm 角4枚、若草色／②2.5cm 角8枚、ピンク／③1.5cm 角14枚、薄紫／④1.5cm 角14枚 〈その他〉U ピン1本、ワイヤー〈♯28〉12cm を6本(足つき平土台も含む)、直径約2mm のペップ(白)2本、組み糸(黒)適宜、ボンド

【つくり方】
1 厚紙に土台布をボンドで貼り、足つき平土台をつくる(p.40参照)。
2 つまみ布は、①は丸裏つまみ(p.37参照)、②は剣裏つまみ(p.38参照)、③・④は丸つまみ(p.36参照)にする。
3 ワイヤーの先を少し曲げ、①の裏に軽く接着し、もう1枚の①を合わせてつぼみを2本つくる(下図参照)。足元にがく②を4枚ずつ葺く。
4 平土台に糊を塗り、③・④を7枚ずつ葺いて花を各2本つくる。足を開いて形を整え、ペップを頭の根元からカットし、花の中心に糊で接着する。
5 つぼみ、平土台のワイヤーに組み糸を巻き、写真の寸法で各パーツを合わせて組み糸を巻く。U ピンとワイヤーを組み糸で巻き合わせる(p.44・45参照)。

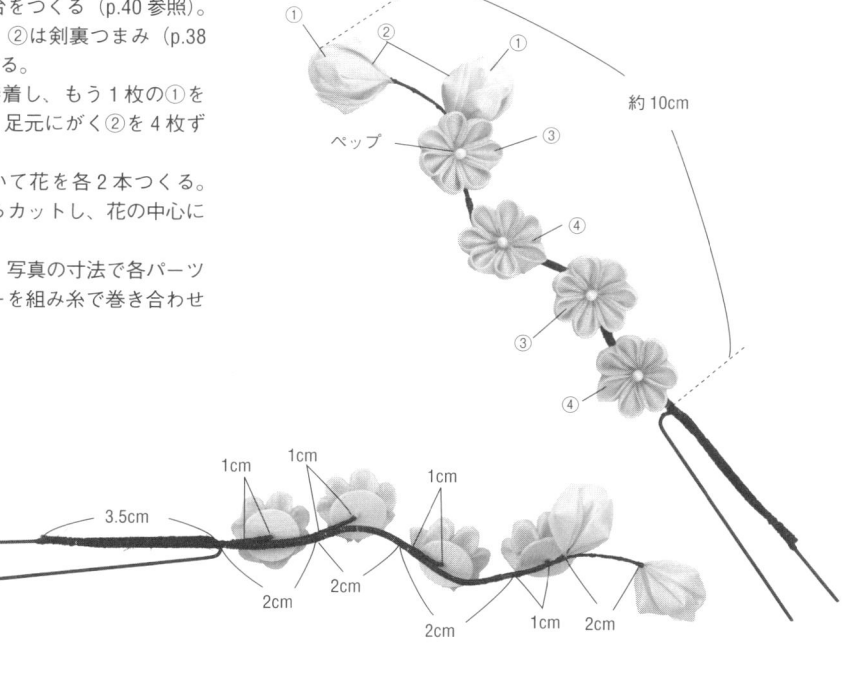

つぼみのつくり方

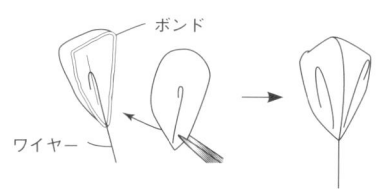

丸裏つまみの裏側にワイヤーをつけ、縁にボンドを塗り、もう1枚と貼り合わせる

p.15 **く**

【材料】〈つまみ布〉羽二重 紫・6匁／①2cm 角28枚、桔梗色・6匁／②2cm 角24枚、若草色・6匁／③2cm 角3枚 〈その他〉ワイヤー〈♯28〉7cm・〈♯30〉適宜、絹糸(こげ茶)適宜、ボンド

【つくり方】
1 ワイヤーで芯をつくり、端から約3cm に絹糸を巻く(p.44、右下図参照)。
2 つまみ布は、①・②は丸裏つまみ(p.37参照)で折り返しを深めにする。③はひだ寄せ剣つまみ(p.39参照)にする。
3 ①と②をそれぞれ同色2枚を貼り合わせて実をつくる(下図参照)。
4 ワイヤーの先2.5cm は残して、芯に糊を塗り、実をバランス良く、下すぼまりの形に葺く。
5 茎のワイヤーを実から1cm 上で曲げ、ワイヤーの先を目打ちなどに巻きつけ、コイル状にする。
6 ワイヤーの角の上に葉③を葺く。

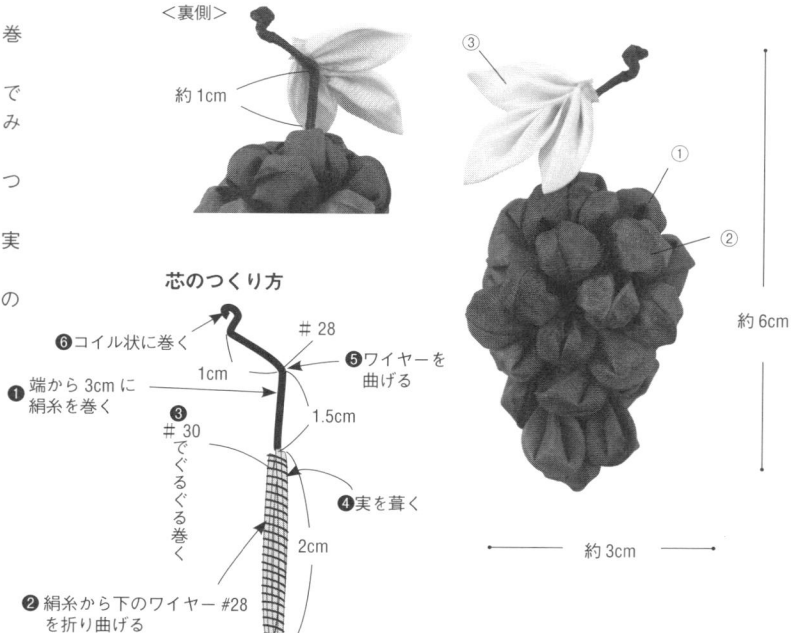

実のつくり方

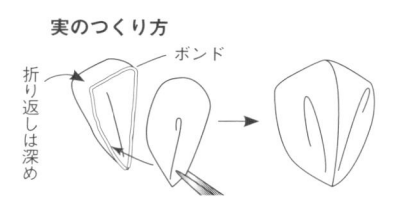

丸裏つまみの裏側にボンドを塗り、もう1枚と貼り合わせる

＊ひだつまみなど、特殊なつまみ方をする場合は羽二重6匁を使用、指定以外は8匁

p.15

【材料】〈土台布〉ちりめん（ベージュ）6cm角　〈つまみ布〉羽二重 朱赤／①3cm角 17枚、くちなし／②3cm角 1枚、緑／③2cm角 1枚　〈その他〉直径3.5cm のミール皿カンつき、直径3.5cm の銅板、絹糸（こげ茶）適宜、ワイヤー〈♯22〉1cm、ボンド、接着剤

【つくり方】
1　ミール皿の銅板に土台布をボンドで貼り、ミール皿に接着剤で貼る。
2　つまみ布は、①・②を上側を2/3残す丸つまみ端切り（p.37参照）にする。③は上側を2/3残す剣つまみ端切り（p.38参照）の後、裁ち目を糊で接着する。③が乾いてから剣裏つまみ（p.38参照）にする。
3　土台に糊を塗り、①・②を丸く形をつくりながら葺く。
4　葉③を金具上部に葺く。
5　ワイヤーに絹糸を巻き、根元にボンドをつけ、①の下にもぐり込ませて接着する

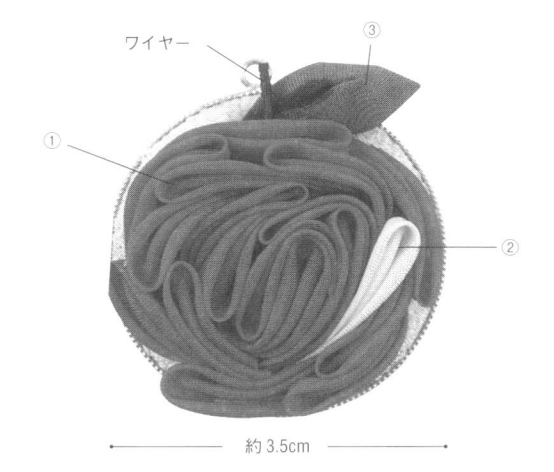

ワイヤー　③
①
②
約3.5cm

---

p.15

【材料】〈土台〉直径1.2cm の足つきスチロール球を2個（ワイヤー〈♯22〉12cm）　〈土台布〉薄布（白）2.5cm角 2枚　〈つまみ布〉羽二重 赤／①2cm角 10枚　〈その他〉絹糸（緑）適宜、ボンド

【つくり方】
1　スチロール球に土台布をボンドで貼り、ワイヤーを通して土台をつくる（p.41参照）。
2　つまみ布は、すべて丸裏つまみ（p.37参照）にする。
3　土台に糊を塗り、①を丸く形づくりながら5枚葺いて、実をつくる。もう1個も同様につくる。
4　土台のワイヤーに絹糸を巻く（p.44参照）。
5　1本のワイヤーを3cm、もう1本のワイヤーを2cmでカットし、長い方の先端の約1cmを葉の形に曲げ、短い方のワイヤーを曲げた根元に合わせて絹糸で巻く。

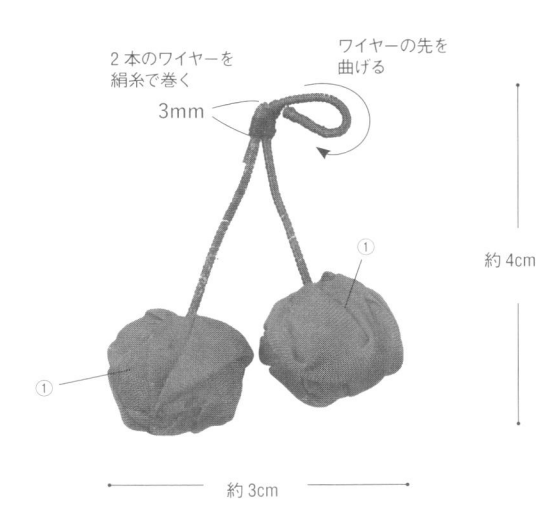

2本のワイヤーを絹糸で巻く　ワイヤーの先を曲げる
3mm
約4cm
①
①
①
約3cm

p.15 け

【材料】〈土台布〉ちりめん（ベージュ）5cm 角　〈つまみ布〉羽二重 赤／① 1cm 角 40 枚、緑／② 2cm 角 5 枚　〈その他〉直径 3.5cm のミール皿カンつき、直径 3.5cm の銅板、直径 1.2mm の半玉パール（金）8 個、ボンド、接着剤

【つくり方】

1　ミール皿の銅板に土台布をボンドで貼り、ミール皿に接着剤で貼る。
2　つまみ布は、①は丸つまみ（p.36 参照）、②は剣裏つまみ（p.38 参照）にする。
3　土台に糊を塗り、上端から約 6mm の位置から 1 列め 13 枚、2 列め 16 枚、3 列め 11 枚の①を写真のように葺く。
4　葉②を上部に 5 枚葺く。
5　半玉パールの裏側にボンドを塗り、接着する。

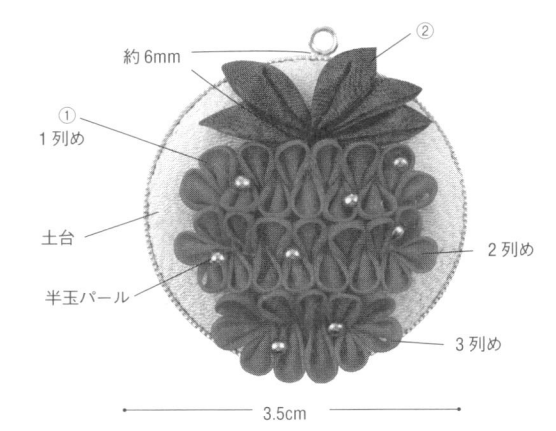

約 6mm
②
①
1 列め
土台
半玉パール
2 列め
3 列め
3.5cm

---

p.16 ふ

【材料】〈土台〉直径 2.5cm 足つき平土台を 1 本、直径 1.5cm の足つきスチロール球を 1 個（共にワイヤー〈＃ 22〉12cm）　〈土台布〉羽二重（えんじ）4.5cm 角（花用）、薄布（えんじ）3cm 角（つぼみ用）　〈つまみ布〉羽二重 えんじ・6 匁／① 7cm 角 8 枚・② 6cm 角 8 枚・③ 4cm 角 5 枚、緑青色・6 匁／④ 3cm 角 5 枚・⑤ 6cm 角 2 枚　〈その他〉直径 7mm のちりめん（緑青色）1 枚、10 山のコーム、直径約 2mm のペップ（黄）10 本、ワイヤー〈＃ 30〉適宜、絹糸（緑）適宜、ボンド

【つくり方】

1　厚紙で足つき平土台をつくり、羽二重をボンドで貼る（p.40 参照）。スチロール球にワイヤーを挿し（p.41 参照）、薄布をボンドで貼る。
2　つまみ布は、①～④ひだつまみ（p.39 参照）にし、花びら①・②は指に糊をつけ、縁を持ち上げるように形づくる。⑤はひだ寄せ剣つまみ（p.39 参照）にする。
3　足つき平土台に糊を塗り、1 段めは花びら① 4 枚を土台の縁に合わせて葺く。2 段めは 1 段めの花びらの間に花びら① 4 枚を葺く。同様に 3 段め、花びら② 4 枚を葺く。4 段め、花びら② 4 枚を半分くらい重ねながら葺く。葉⑤を 1 段めと 2 段めの間、2 段めと 3 段めの間に差し入れて葺く。
4　ペップ 10 本を二つ折りにしてワイヤーを巻き、頭から 1.5cm の長さにカットして（下図参照）、花の中心に糊で接着する。
5　スチロール土台に糊をつけ、つぼみ③ 5 枚を葺く。足元を囲むように④ 5 枚を葺き、底側に丸いちりめん（緑青色）をボンドで接着する。
6　土台のワイヤーに絹糸を巻き、長さをカットしてコームと合わせ、絹糸で巻く。

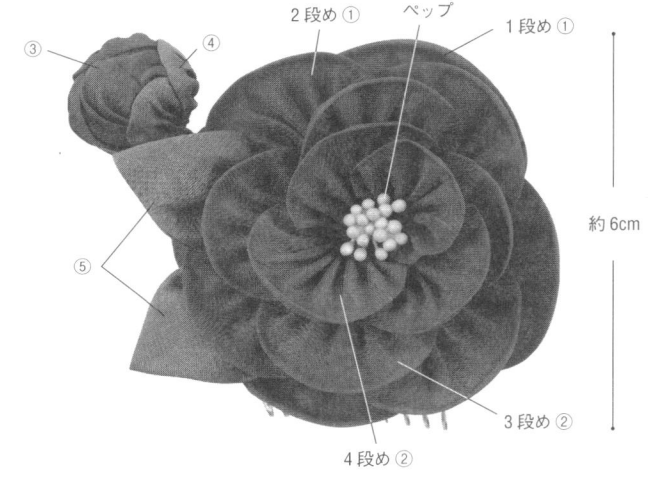

2 段め①
ペップ
1 段め①
③
④
⑤
3 段め②
4 段め②
約 6cm
約 7.5cm

ペップをまとめる

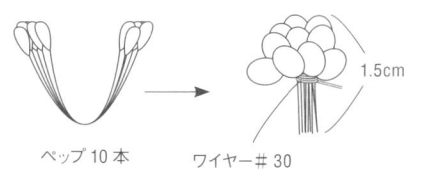

ペップ 10 本
ワイヤー＃ 30
1.5cm

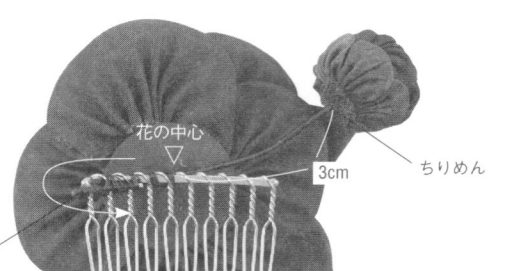

＊花とつぼみの組み合わせ方は p.55「た」を参照

花の中心
3cm
ちりめん

ワイヤー 1 本を長めに残し、コームに 1cm 折り返し、絹糸で巻く

コームの中心

　＊ひだつまみなど、特殊なつまみ方をする場合は羽二重 6 匁を使用、指定以外は 8 匁

p.17 **こ**

【材料】〈土台〉直径 5cm の足つき半くすスチロール土台を 1 本（ワイヤー〈♯ 22〉12cm）　〈土台布〉薄布（白）9.5cm 角　〈つまみ布〉羽二重 白／①2cm 角 24 枚・②2.5cm 角 28 枚・③3cm 角 26 枚、青紫／④2.5cm 角 8 枚・⑤3cm 角 10 枚　〈その他〉染料（紫）適宜、10 山のコーム、直径約 2mm のペップ（ブロンズ）4 本、組み糸（黒）適宜、ボンド

【つくり方】

1　半くすのスチロールにワイヤーを挿し、切り込みを入れながら土台布をボンドで貼る（p.41 参照）。

2　つまみ布は、すべて剣つまみ（p.38 参照）にする。①の 4 枚は足元を（①-a）、①の 4 枚（①-b）・②の 4 枚（②-c）は頭側を染料で染める（p.43 参照）。

3　土台に糊を塗り、最終段以外は 1 周 12 枚で葺いていく（p.42 参照）。1 段め①8 枚、①-a を 4 枚葺く。2 段め①8 枚、①-b を 4 枚葺く。3 段め②8 枚、②-c を 4 枚葺く。4 段め②8 枚、④4 枚を葺く。5 段め②8 枚、④4 枚を葺く。6 段め③8 枚、⑤4 枚を葺く。7 段めは前段の間に 2 枚ずつ葺いていき③18 枚、⑤6 枚を葺く。※染色した布と青紫はらせんを描くように配置して葺く

4　ペップを頭の根元からカットし、花の中心に 7 個、糊で接着する。

5　土台のワイヤーに組み糸を巻き、長さをカットしてコームと合わせ、組み糸で巻く。

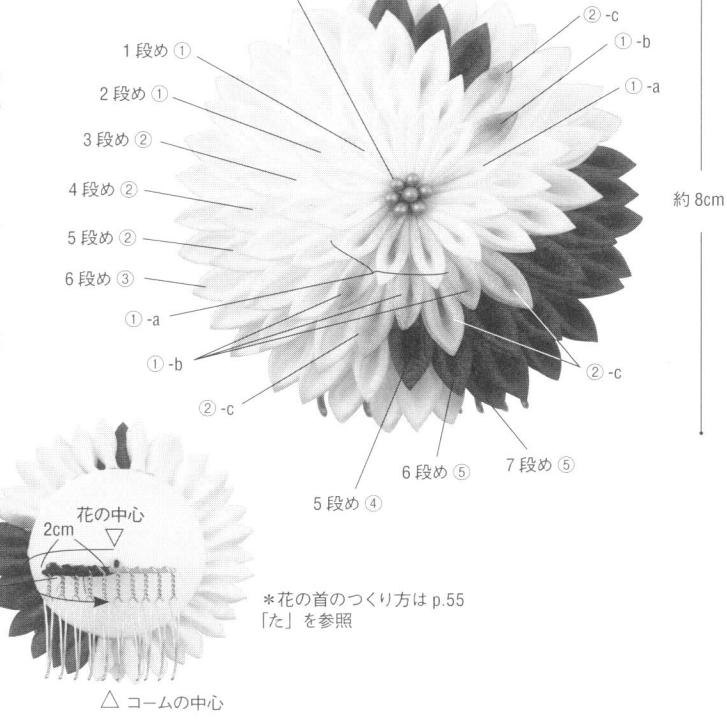

ペップ　7 段め③
1 段め①　②-c
2 段め①　①-b
3 段め②　①-a
4 段め②
5 段め②
6 段め③
①-a
①-b
②-c
②-c　6 段め⑤　7 段め⑤
5 段め④

約 8cm

花の中心
2cm
ワイヤーを 3cm 残し、コームに 1cm 折り返し、組み糸で巻く

△ コームの中心

＊花の首のつくり方は p.55「た」を参照

p.18 **え**

【材料】〈土台〉直径 7.5cm の足つき半くすスチロール土台を 1 本（ワイヤー〈♯ 22〉12cm）　〈土台布〉薄布（白）15cm 角　〈つまみ布〉羽二重 白／①2cm 角 30 枚・②2.5cm 角 30 枚・③3cm 角 30 枚・④3.5cm 角 30 枚・⑤4cm 角 30 枚　〈その他〉直径約 2mm のペップ（ブロンズ）4 本、ボンド

【つくり方】

1　半くすのスチロールにワイヤーを挿し、切り込みを入れながら土台布をボンドで貼る（p.41 参照）。

2　つまみ布は、すべて剣つまみ（p.38 参照）にする。

3　最終段以外は 1 周 15 枚で葺いていく（p.42 参照）。1 段め①、2 段め①、3 段め②、4 段め②、5 段め③、6 段め③、7 段め④、8 段め④をそれぞれ 1 周 15 枚葺く。9 段め⑤を前段の間に 2 枚ずつ葺く。

4　ペップを頭の根元からカットし、花の中心に 7 個、糊で接着する。
　　※置き物にする場合は土台の根元でワイヤーをカットし、和紙（白）を上から貼る。
　　※髪飾りにする場合は、「こ」の 5 と同様に組み糸を巻き、コームなど金具と組み合わせる。

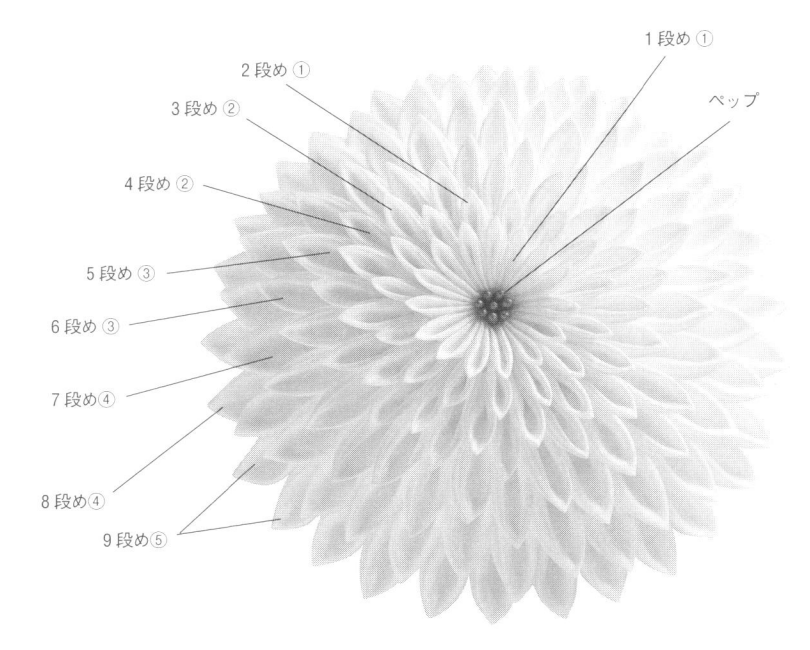

2 段め①　1 段め①
3 段め②　ペップ
4 段め②
5 段め③
6 段め③
7 段め④
8 段め④
9 段め⑤

約 11.5cm

て

【材料】〈土台〉直径 1.5cm 足つき平土台を 10 本　〈土台布〉薄布（白）3cm 角 10 枚　〈つまみ布〉羽二重 白・6 匁／①2.5cm 角 100 枚・②2.5cm 角 10 枚・③2.5cm 角 48 枚、薄緑／④2.5cm 角 20 枚　〈その他〉ワイヤー〈＃ 22〉12cm を 17 本（足つき平土台も含む）、染料（赤）適宜、20 山のコーム、極小のペップ（金）35 本、絹糸（茶）適宜、唐打ちひも（白）17cm・12cm を各 1 本、ボンド

【つくり方】

1　厚紙に土台布をボンドで貼り、足つき平土台をつくる（p.40 参照）。

2　つまみ布は、①・③は下図のように布を染料で染めて、A 布は内＋B 布は外の桜つまみ二重（p.37 参照）、②は B 布に染めてから丸裏つまみ（p.37 参照）、④は B 布に染めてから剣裏つまみ（p.38 参照）にする。

3　土台に糊を塗り、①を 5 枚葺いて桜の花を 10 本つくる。ペップを頭から 5mm の長さにカットし、花の中央に 7 本ずつ糊で接着する。

4　ワイヤーの先を少し曲げ、②の裏に軽く接着し、もう 1 枚の②を合わせてつぼみを 5 本つくる（下図参照）。足元にがく④を 4 枚ずつ葺く。

5　唐打ちひもで下がりひもをつくる（p44・45 参照）。一番下の唐打ちひもはつまみ布に合わせてカットする。

6　ワイヤー 2 本で熊手をつくる。花とつぼみのワイヤーに絹糸を巻き（p.44 参照）、花 4 本とつぼみ 2 本を絹糸で合わせて巻く（❶）。花 3 本とつぼみ 1 本を巻く（❷）（p.46・47 参照）。❶と❷を合わせて、途中で花 3 本、つぼみ 1 本、熊手を沿わせる。❷のワイヤーを 180 度折り曲げる。

7　コームと合わせ、絹糸で巻く（p.44・下写真参照）。

8　下がりを熊手にとめつける（p.45-18・19 参照）。

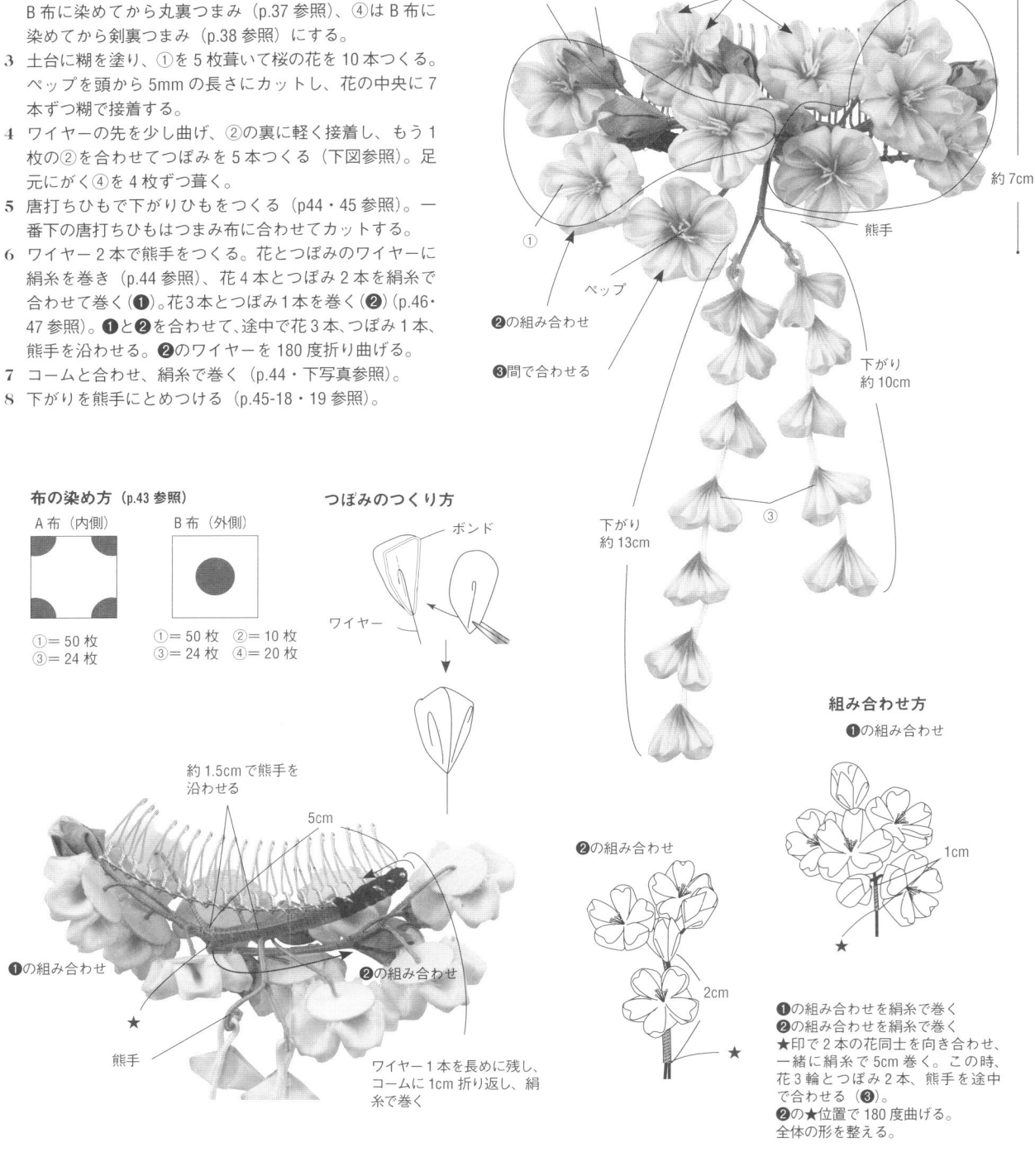

約 12.5cm

❸間で合わせる　　❶の組み合わせ

②　④

約 7cm

❶の組み合わせ

熊手

①

ペップ

②の組み合わせ

❸間で合わせる

下がり　約 10cm

下がり　約 13cm

③

布の染め方（p.43 参照）

A 布（内側）

①＝ 50 枚
③＝ 24 枚

B 布（外側）

①＝ 50 枚　②＝ 10 枚
③＝ 24 枚　④＝ 20 枚

つぼみのつくり方

ボンド

ワイヤー

約 1.5cm で熊手を沿わせる

5cm

❶の組み合わせ

❷の組み合わせ

熊手

★

ワイヤー 1 本を長めに残し、コームに 1cm 折り返し、絹糸で巻く

❷の組み合わせ

2cm

★

❷の組み合わせ

組み合わせ方

❶の組み合わせ

1cm

★

❶の組み合わせを絹糸で巻く
❷の組み合わせを絹糸で巻く
★印で 2 本の花同士を向き合わせ、一緒に絹糸で 5cm 巻く。この時、花 3 輪とつぼみ 2 本、熊手を途中で合わせる（❸）。
❷の★位置で 180 度曲げる。
全体の形を整える。

　＊ひだつまみなど、特殊なつまみ方をする場合は羽二重 6 匁を使用、指定以外は 8 匁

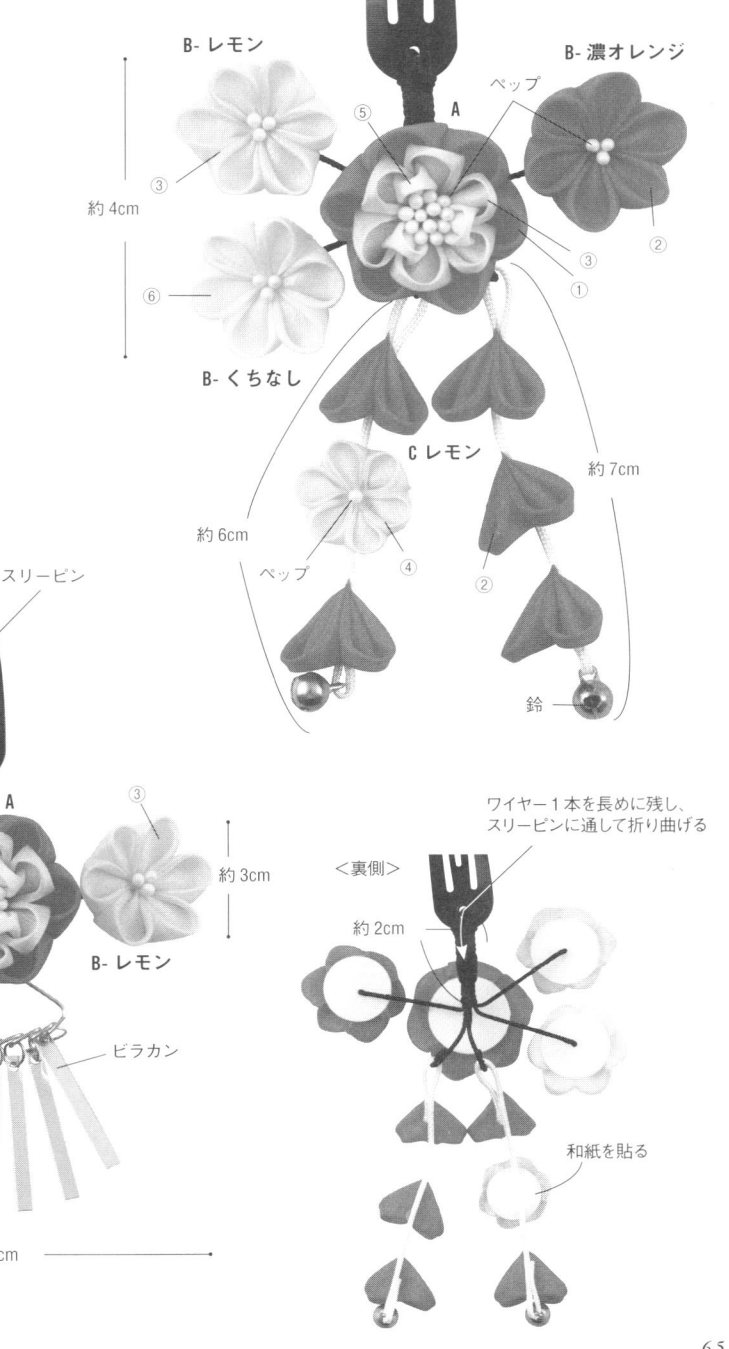

p.20

【材料】〈土台〉足つき平土台A直径2cmを2本・B直径1.5cmを5本・C直径1.3cmを1本 〈土台布〉薄布（白）3.5cm角2枚、3cm角5枚、2.5cm角1枚 〈つまみ布〉羽二重 濃オレンジ／①2.5cm角12枚・②2cm角16枚、レモン／③2cm角24枚・④1.5cm角6枚、くちなし⑤1.5cm角6枚・⑥2cm角12枚 〈その他〉ワイヤー〈＃22〉12cmを10本（足つき平土台も含む）、スリーピン2個、ビラカン（10枚）1本、直径約2mmのペップ（白）20本、ワイヤー〈＃30〉適宜、組み糸（黒）適宜、直径8mmの鈴（金）2個、唐打ちひも10cmを2本、直径8mmの和紙（白）、ボンド

【つくり方】

1 厚紙で足つき土台Aを2本、Bを5本、Cを1本つくり、土台布をボンドで貼る（p.40参照）。

2 つまみ布は、すべて丸つまみ（p.36参照）にする。

3 土台Aに糊を塗り、土台の縁まわりに①を6枚葺き、足を開いて形を整える。続けて①をまたぐように中心を合わせて③を6枚葺き、⑤を3枚葺く。これを2本つくる。

4 土台Bに糊を塗り、②を6枚葺く。③・⑥は6枚葺いたものを2本ずつつくる。

5 土台Cに糊を塗り、④を6枚葺く。

6 花B・Cのペップは頭の根元でカットしてBに3個、Cに1個を糊で接着する。花Aのペップは6本を二つ折りにしてワイヤー〈＃30〉でまとめ（下図参照）、花の中に挿し入れて接着する。

7 ワイヤー〈＃22〉12cmを半分にカットし、2本で熊手をつくる。下がりをつくる（p.44・45参照）。

8 花Cは台紙のきわでワイヤーを切り、唐打ちひもをはさんで裏に和紙をボンドで貼る。

9 花A、Bの土台のワイヤーに組み糸を巻き（p.44参照）花A・B3種・熊手を組み糸でまとめる（p.47参照）。スリーピンと合わせて組み糸を巻く。花A・B2種・ビラカンを組み糸でまとめる。スリーピンと合わせて組み糸を巻く（p.47参照）。

花Aのペップをまとめる

ペップ6本
ワイヤー＃30
1cm

約8cm

B-レモン
③

B-濃オレンジ
ペップ
A
⑤
①
③
②

約4cm
⑥

B-くちなし
Cレモン

約7cm

約6cm
ペップ
④
②

鈴

スリーピン

＜裏側＞
約2cm

⑥
B-くちなし

③
B-レモン
約3cm

A

ビラカン

約7cm

ワイヤー1本を長めに残し、スリーピンに通して折り曲げる

＜裏側＞
約2cm

和紙を貼る

65

【材料】〈土台〉直径3cmのA足つき半くすスチロール土台を1本、足つき平土台B直径1.8cmを2本・C直径1.5cmを3本〈土台布〉薄布（白）6cm角1枚、3.5cm角2枚、3cm角3枚 〈つまみ布〉羽二重A白／①1.5cm角9枚・②2cm角9枚、A赤／③2cm角9枚・④2.5cm角27枚、B白／⑤2.5cm角14枚・⑥2cm角7枚、B赤／⑦2.5cm角14枚・⑧2cm角7枚、C白／⑨2cm角21枚・⑩1.5cm角7枚、C赤／⑪2cm角21枚・⑫1.5cm角14枚、D白／⑬2.5cm角6枚、D赤／⑭2.5cm角24枚 〈その他〉ワイヤー〈#22〉12cmを9本（足つき土台も含む）、スリーピン2個、ビラカン（15枚）1本、直径1cm花座（金）1個、直径3mmのパールビーズ1個、直径約2mmのペップ（金）8本、組み糸（黒）適宜、直径8mmの鈴（金）3個、染料（赤）適宜、唐打ちひも（白）14cmを3本、ボンド、接着剤

【つくり方】

1 半くすスチロール土台で足つき半くす土台（A）、厚紙で足つき土台Bを2本、Cを3本つくり、土台布をボンドで貼る（p.40・41参照）。

2 白の羽二重は下図のように染料で染めておく。

3 つまみ布は、A＝①～④はすべて剣つまみ（p.38参照）、B＝⑤外＋⑦内・⑦外＋⑤内の丸つまみ二重（p.37参照）を各7枚、C＝⑪外＋⑨内を14枚・⑨外＋⑪内7枚を丸つまみ二重にする。⑥⑧⑩⑫⑬⑭はすべて丸つまみ（p.36参照）にする。

4 土台Aに糊を塗り、最終段以外は1周9枚で葺いていく。1段め①9枚、2段め②9枚、3段め③9枚、4段め④9枚、5段め④18枚葺く。花座とパールを接着する（p.42参照）。

5 土台Bに糊を塗り、⑤＋⑦を7枚葺き、⑥を7枚上にのせるように葺く（B-1）。⑦＋⑤を7枚葺き、⑧を7枚上にのせるように葺く（B-2）。

6 土台Cに糊を塗り、⑪＋⑨を7枚葺き、⑫を7枚上にのせるように葺くこれを2本つくる（C-1・2）、⑨＋⑪を7枚葺き、⑩を7枚上にのせるように葺く（C-3）。

7 土台のワイヤーに組み糸を巻く（p.44参照）。ワイヤー3本で熊手をつくり、下がりをつくる（p.44・45参照）。

8 ペップは頭の根元でカットして、3個ずつB・Cの花の中心に糊で接着する。

9 花A、B-1、C-1と熊手を合わせて組み糸を巻き（p.44参照）、スリーピンに合わせて巻く。花B-2、C-2・3とビラカンを組み合わせて組み糸を巻き、スリーピンに合わせて巻く。

約6cm

⑨＋⑪

C-3

ペップ

⑩

⑪＋⑨

C-2

⑫

約5cm

⑦＋⑤

⑧

ペップ

B-2

ビラカン

白の羽二重の染め方
（p.43 参照）

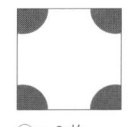

①＝9枚
⑥＝7枚

①・⑥以外のすべての白羽二重を染める

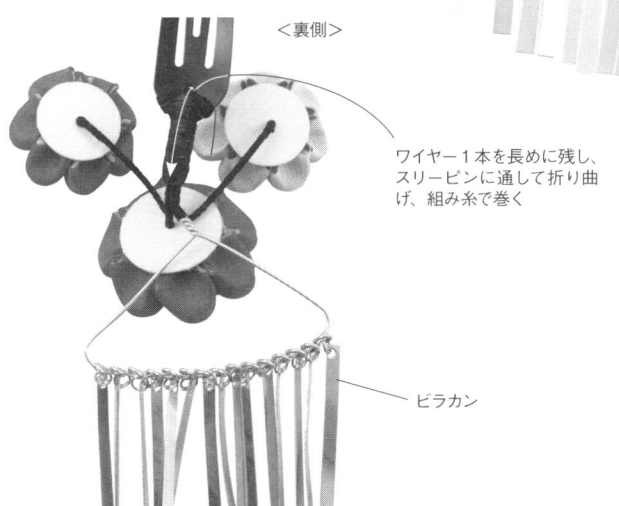

＜裏側＞

ワイヤー1本を長めに残し、スリーピンに通して折り曲げ、組み糸で巻く

ビラカン

　＊ひだつまみなど、特殊なつまみ方をする場合は羽二重6匁を使用、指定以外は8匁

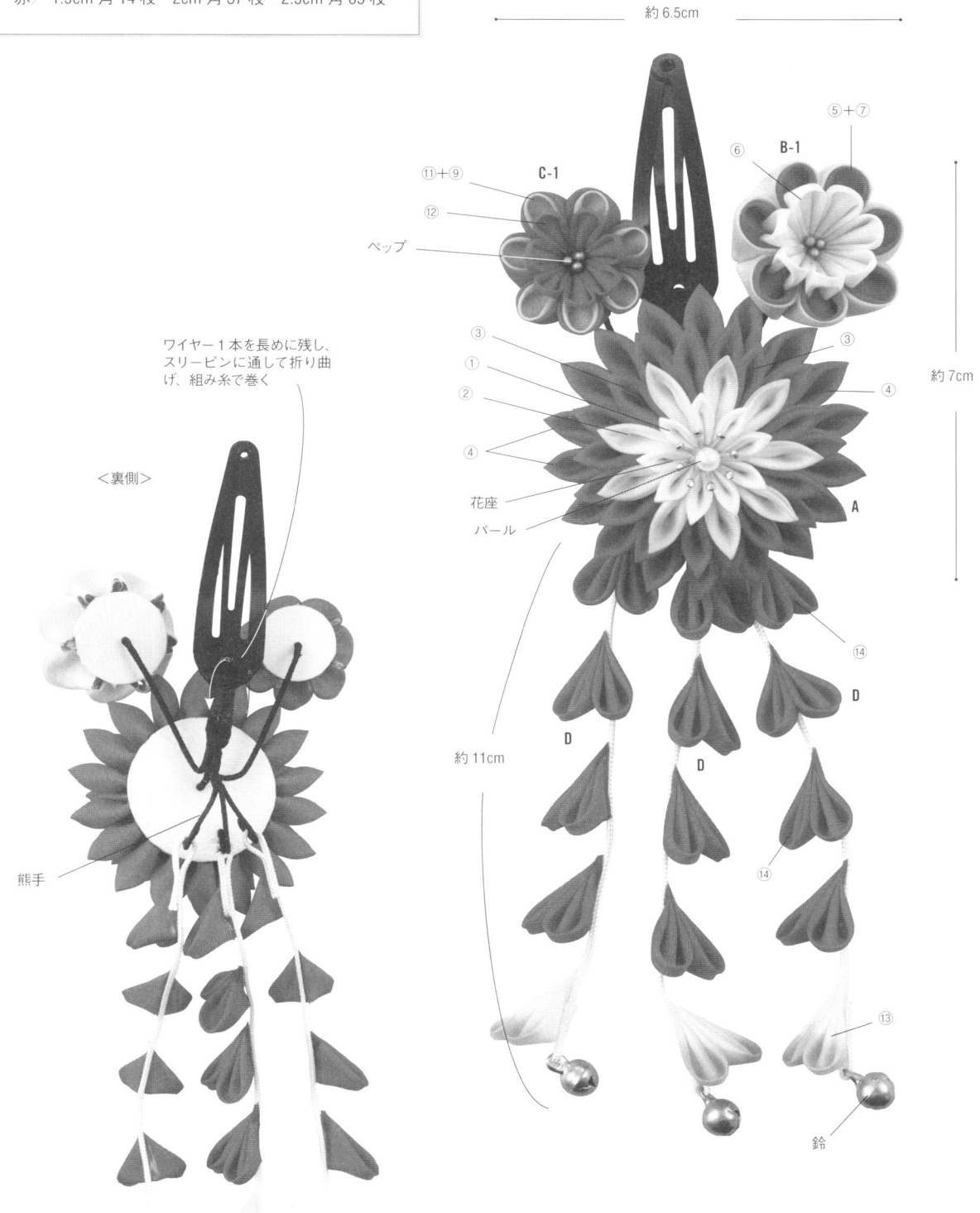

約 6.5cm

⑤＋⑦

⑥ B-1

⑪＋⑨ C-1

⑫

ペップ

ワイヤー 1 本を長めに残し、
スリーピンに通して折り曲
げ、組み糸で巻く

＜裏側＞

③

①

②

③

④

④

花座

パール

A

⑭

D

熊手

D

D

約 11cm

⑭

約 7cm

⑬

鈴

67

【材料】 〈土台〉足つき平土台Ａ直径2cmを9本・Ｂ直径1.5cmを5本、Ｃ葉用のしずく型土台を5本　〈土台布〉薄布（白）3.5cm角9枚、3cm角5枚　〈つまみ布〉羽二重Ａ白・6匁／①3.5cm角54枚・②2.5cm角27枚、Ｂ赤／③2cm角30枚、Ｃ白／④2.5cm角10枚、Ｃ赤／⑤2.5cm角5枚、Ｄ白／⑥2.5cm角6枚、Ｄ赤／⑦2.5cm角24枚　〈その他〉ワイヤー〈＃22〉12cmを22本（土台も含む）、長さ9cm二本足のかんざし2本、ビラカン（15枚）1本、染料（赤）適宜、唐打ちひも（白）14cmを3本、直径8mmの鈴（シルバー）3個、直径約2mmのペップ（オレンジ）35本、組み糸（白）適宜、ボンド　＊「ゆ」〜「み」の材料はp.70

【つくり方】

1　厚紙で足つき平土台Ａを9本、Ｂを5本つくり、土台布をボンドで貼る（p.40参照）。Ｃは下図を参照してワイヤーで形をつくり、組み糸を巻いて土台を5本つくる（p.44参照）。

2　白の羽二重は下図のように染料で染めておく。

3　つまみ布は①・②はひだ寄せ剣つまみ（p.39参照）、④・⑤は剣つまみ端切り（p.38参照）、③・⑥・⑦は丸つまみ（p.36参照）にする。

4　土台Ａに糊を塗り、①6枚を葺く。①の上・①の花びらの間に②を3枚葺く。これを9本つくる。

5　土台Ｂに糊を塗り、③を6枚葺く。これを5本つくる。

6　土台Ｃに糊を塗り、⑤を1枚葺き、④は⑤に沿わせて2枚葺く。これを5本つくる。

7　ペップは頭の根元でカットして、Ａの花には6個、Ｂの花には3個をそれぞれ糊で接着する。

8　土台のワイヤーに組み糸を巻く（p.44参照）。ワイヤー3本で熊手をつくり、下がりをつくる（p.44・45参照）。

9　花Ａ6本、花Ｂ・葉Ｃ各5本、熊手を組み合わせて組み糸を巻き、かんざしと合わせて巻く（p.47参照）。

10　花Ａ3本とビラカンを組み合わせて組み糸を巻き、かんざしと合わせて巻く（p.47参照）。

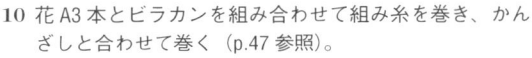

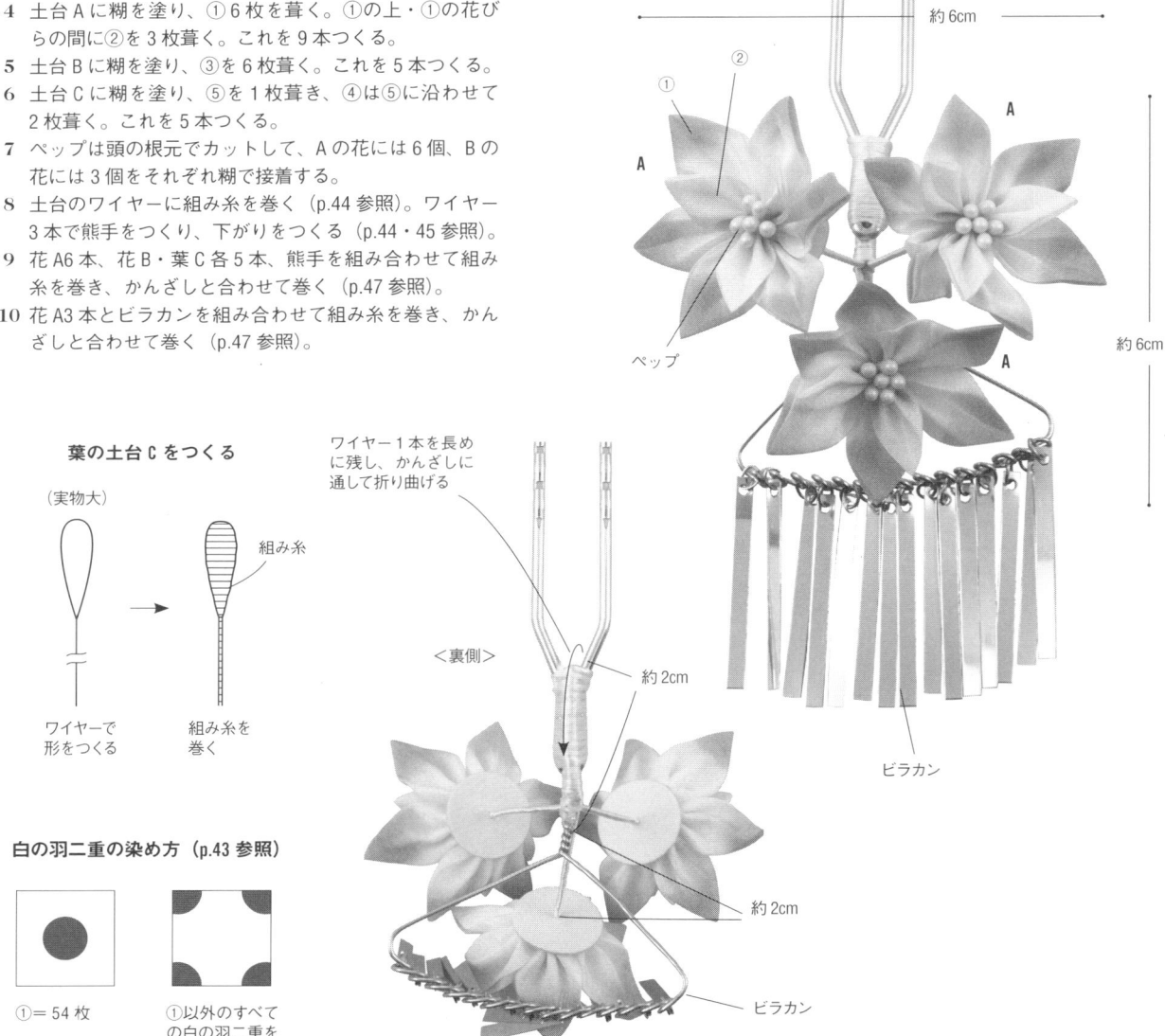

二本足のかんざし

約6cm

約6cm

① ②

Ａ　Ａ　Ａ

ペップ

ビラカン

ワイヤー1本を長めに残し、かんざしに通して折り曲げる

＜裏側＞

約2cm

約2cm

ビラカン

葉の土台Ｃをつくる

（実物大）

組み糸

ワイヤーで形をつくる → 組み糸を巻く

白の羽二重の染め方（p.43参照）

①＝54枚

①以外のすべての白の羽二重を染める

　＊ひだつまみなど、特殊なつまみ方をする場合は羽二重6匁を使用、指定以外は8匁

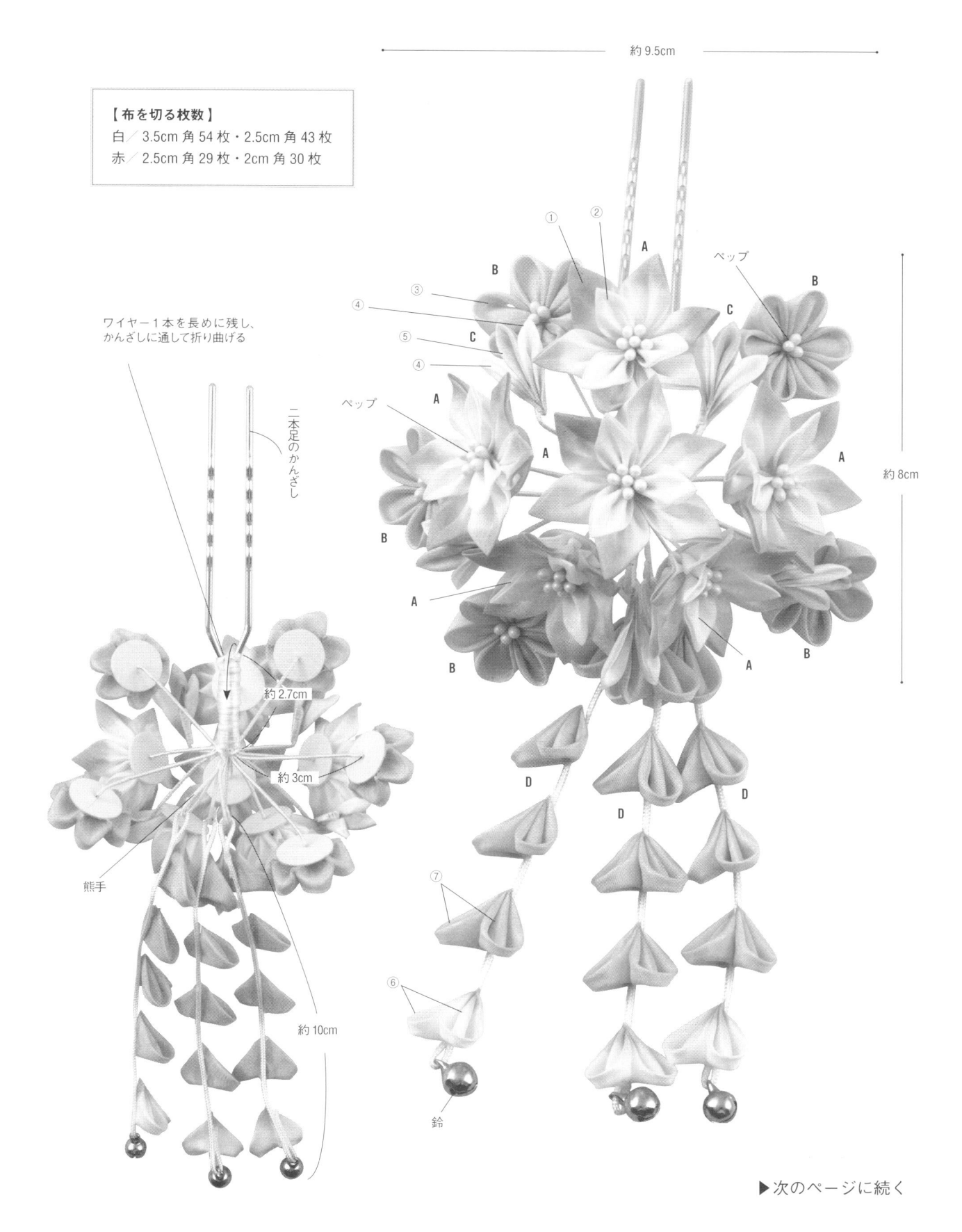

【布を切る枚数】

白／3.5cm角 54枚・2.5cm角 43枚

赤／2.5cm角 29枚・2cm角 30枚

約9.5cm

ワイヤー1本を長めに残し、
かんざしに通して折り曲げる

二本足のかんざし

A

ペップ

B

① ②

③ ペップ

④ C

⑤ C

④

A

A

A

A

B

A

B

A

B

約8cm

約2.7cm

約3cm

熊手

約10cm

D

D

D

⑦

⑥

鈴

▶次のページに続く

【材料】〈土台〉足つき平土台 A 直径 2cm を 9 本・B 直径 1.5cm を 5 本、C 葉用のしずく型土台を 5 本 〈土台布〉薄布（白）3.5cm 角 9 枚、3cm 角 5 枚 〈つまみ布〉羽二重 A 白・6 匁／①3.5cm 角 54 枚・②2.5cm 角 27 枚、B 若草色／③2cm 角 30 枚、C 白／④2.5cm 角 10 枚、C 若草色／⑤2.5cm 角 5 枚、D 白／⑥2.5cm 角 6 枚、D 若草色／⑦2.5cm 角 24 枚 〈その他〉ワイヤー〈＃22〉12cm を 22 本（土台も含む）、長さ 9cm 二本足のかんざし 2 本、ビラカン（15 枚）1 本、染料（青緑）適宜、唐打ちひも（白）14cm を 3 本、直径 8mm の鈴（シルバー）3 個、直径約 2mm のペップ（白）35 本、組み糸（白）適宜、ボンド
【つくり方】p.23「き」と同じ

【布を切る枚数】

白／3.5cm 角 54 枚・2.5cm 角 43 枚
若草色／2.5cm 角 29 枚・2cm 角 30 枚

【材料】〈土台〉足つき平土台 A 直径 2cm を 9 本・B 直径 1.5cm を 5 本、C 葉用のしずく型土台を 5 本 〈土台布〉薄布（白）3.5cm 角 9 枚、3cm 角 5 枚 〈つまみ布〉羽二重 A 白・6 匁／①3.5cm 角 54 枚・②2.5cm 角 27 枚、B 薄紫／③2cm 角 30 枚、C 白／④2.5cm 角 10 枚、C 薄紫／⑤2.5cm 角 5 枚、D 白／⑥2.5cm 角 6 枚、D 薄紫／⑦2.5cm 角 24 枚 〈その他〉ワイヤー〈＃22〉12cm を 22 本（土台も含む）、長さ 9cm 二本足のかんざし 2 本、ビラカン（15 枚）1 本、染料（紫）適宜、唐打ちひも（白）14cm を 3 本、直径 8mm の鈴（シルバー）3 個、直径約 2mm のペップ（メタリックパープル）35 本、組み糸（白）適宜、ボンド
【つくり方】p.23「き」と同じ

【布を切る枚数】

白／3.5cm 角 54 枚・2.5cm 角 43 枚
薄紫／2.5cm 角 29 枚・2cm 角 30 枚

【材料】〈土台〉足つき平土台 A 直径 2cm を 9 本・B 直径 1.5cm を 5 本、C 葉用のしずく型土台を 5 本 〈土台布〉薄布（白）3.5cm 角 9 枚、3cm 角 5 枚 〈つまみ布〉羽二重 A 白・6 匁／①3.5cm 角 54 枚・②2.5cm 角 27 枚、B 濃オレンジ／③2cm 角 30 枚、C 白／④2.5cm 角 10 枚、C 濃オレンジ／⑤2.5cm 角 5 枚、D 白／⑥2.5cm 角 6 枚、D 濃オレンジ／⑦2.5cm 角 24 枚 〈その他〉ワイヤー〈＃22〉12cm を 22 本（土台も含む）、長さ 9cm 二本足のかんざし 2 本、ビラカン（15 枚）1 本、染料（オレンジ）適宜、唐打ちひも（白）14cm を 3 本、直径 8mm の鈴（シルバー）3 個、直径約 2mm のペップ（金）35 本、組み糸（白）適宜、ボンド
【つくり方】p.23「き」と同じ

【布を切る枚数】

白／3.5cm 角 54 枚・2.5cm 角 43 枚
濃オレンジ／2.5cm 角 29 枚・2cm 角 30 枚

＊ひだつまみなど、特殊なつまみ方をする場合は羽二重 6 匁を使用、指定以外は 8 匁

【材料】〈土台〉A 直径 3.5cm の足つき半くすスチロール土台を 3 本、足つき平土台 B 直径 2cm を 4 本・C 直径 1.6cm を 3 本 〈土台布〉薄布（白）6.5cm 角 3 枚、3.5cm 角 4 枚、3cm 角 3 枚 〈つまみ布〉羽二重 A 白／① 2cm 角 60 枚・② 2.5cm 角 120 枚、A 空色／③ 2cm 角 12 枚・④ 2.5cm 角 18 枚、B 白／⑤ 2.5cm 角 6 枚・⑥ 2cm 角 9 枚、B 空色／⑦ 2.5cm 角 18 枚・⑧ 2cm 角 3 枚、C 白／⑨ 2cm 角 10 枚、C 空色／⑩ 2cm 角 11 枚、D 白／⑪ 2.5cm 角 12 枚、D 空色／⑫ 2.5cm 角 4 枚 〈その他〉ワイヤー〈♯ 22〉12cm を 12 本（土台も含む）、長さ 10.5cm 二本足のかんざし 1 本、U ピン 3 本、直径 1cm の花座（金）7 個、唐打ちひも（白）14cm を 2 本、直径 3mm のパールビーズ 7 個、直径 8mm のパールビーズ 2 個、T ピン 2 本、直径約 2mm のペップ（金）5 本、組み糸（黒）適宜、ボンド、接着剤 ＊「ゑ」〜「も」の材料は p.73

【つくり方】

1 半くすスチロール土台で足つき半くす土台（A）3 本、厚紙で足つき平土台 B を 4 本、C を 3 本、土台布をボンドで貼ってつくる（p.40・41 参照）。

2 つまみ布は、①外＋③内 12 枚、②外＋④内 18 枚を剣つまみ二重（p.38 参照）、① 48 枚・② 102 枚を剣つまみ（p.38 参照）、⑤〜⑫はすべて丸つまみ（p.36 参照）にする。

3 足つき半くす土台 A に糊を塗り、A を葺く（p.42 参照）。

4 足つき平土台 B に糊を塗り、⑦を 6 枚、⑦をまたぐ様に内側に⑥を 3 枚葺く。これを 2 本つくる。⑦を 6 枚葺き、内側に⑧を 3 枚を 1 本葺く。⑤を 6 枚葺き、内側に⑥を 3 枚を 1 本つくる。花座と直径 3mm パールビーズを接着し、花の中心に接着剤で接着する。

5 足つき平土台 C に糊を塗り、⑨を 5 枚、⑩を 2 枚葺く（p.40 参照）。これを 2 本つくる。⑩を 7 枚葺いたものを 1 本つくる。ペップは頭の根元からカットし、花の中心に 3 個ずつ糊で接着する。

6 熊手と下がりをつくる（p.44・45 参照）。

7 A と B の花を U ピンと合わせる（p.45 参照）。

8 残りのパーツでかんざしを組み上げる（p.46・47 参照）。

【布を切る枚数】

白／2cm 角 79 枚・2.5cm 角 138 枚
空色／2cm 角 26 枚・2.5cm 角 40 枚

▶次のページに続く

A

②+④

①

①+③

花座

パール

②

約5.7cm

＜裏側＞

A

パールにTピンをつける

パールビーズにTピンを通し、きわで直角に折り曲げる。そのあと輪になるようにペンチで丸める

約10cm

D　D

⑪

⑫

「し」の下がりのみ、パールビーズとTピンをつける

「ゑ〜も」は鈴をつける

　＊ひだつまみなど、特殊なつまみ方をする場合は羽二重6匁を使用、指定以外は8匁

【材料】〈土台〉A 直径 3.5cm の足つき半くすスチロール土台を 3 本、足つき平土台 B 直径 2cm を 4 本・C 直径 1.6cm を 3 本　〈土台布〉薄布（白）6.5cm 角 3 枚、3.5cm 角 4 枚、3cm 角 3 枚　〈つまみ布〉羽二重 A 白／①2cm 角 60 枚・②2.5cm 角 120 枚、A 朱赤／③2cm 角 12 枚・④2.5cm 角 18 枚、B 白／⑤2.5cm 角 6 枚・⑥2cm 角 9 枚、B 朱赤／⑦2.5cm 角 18 枚・⑧2cm 角 3 枚、C 白／⑨2cm 角 10 枚、C 朱赤／⑩2cm 角 11 枚、D 白／⑪2.5cm 角 12 枚、D 朱赤／⑫2.5cm 角 4 枚　〈その他〉ワイヤー〈＃22〉12cm を 12 本（土台も含む）、長さ 10.5cm 二本足のかんざし 1 本、U ピン 3 本、直径 1cm の花座（金）7 個、唐打ちひも（白）14cm を 2 本、直径 3mm のパールビーズ 7 個、直径 8mm の鈴（シルバー）2 個、直径約 2mm のペップ（金）5 本、組み糸（黒）適宜、ボンド、接着剤
【つくり方】p.26「し」と同じ

【布を切る枚数】
白／2cm 角 79 枚・2.5cm 角 138 枚
朱赤／2cm 角 26 枚・2.5cm 角 40 枚

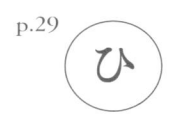

【材料】〈土台〉A 直径 3.5cm の足つき半くすスチロール土台を 3 本、足つき平土台 B 直径 2cm を 4 本・C 直径 1.6cm を 3 本　〈土台布〉薄布（白）6.5cm 角 3 枚、3.5cm 角 4 枚、3cm 角 3 枚　〈つまみ布〉羽二重 A 白／①2cm 角 60 枚・②2.5cm 角 120 枚、A ベージュ／③2cm 角 12 枚・④2.5cm 角 18 枚、B 白／⑤2.5cm 角 6 枚・⑥2cm 角 9 枚、B ベージュ／⑦2.5cm 角 18 枚・⑧2cm 角 3 枚、C 白／⑨2cm 角 10 枚、C ベージュ／⑩2cm 角 11 枚、D 白／⑪2.5cm 角 12 枚、D ベージュ／⑫2.5cm 角 4 枚　〈その他〉ワイヤー〈＃22〉12cm を 12 本（土台も含む）、長さ 10.5cm 二本足のかんざし 1 本、U ピン 3 本、直径 1cm の花座（金）7 個、唐打ちひも（白）14cm を 2 本、直径 3mm のパールビーズ 7 個、直径 8mm の鈴（シルバー）2 個、直径約 2mm のペップ（金）5 本、組み糸（黒）適宜、ボンド、接着剤
【つくり方】p.26「し」と同じ

【布を切る枚数】
白／2cm 角 79 枚・2.5cm 角 138 枚
ベージュ／2cm 角 26 枚・2.5cm 角 40 枚

【材料】〈土台〉A 直径 3.5cm の足つき半くすスチロール土台を 3 本、足つき平土台 B 直径 2cm を 4 本・C 直径 1.6cm を 3 本　〈土台布〉薄布（白）6.5cm 角 3 枚、3.5cm 角 4 枚、3cm 角 3 枚　〈つまみ布〉羽二重 A 白／①2cm 角 60 枚・②2.5cm 角 120 枚、A オレンジ／③2cm 角 12 枚・④2.5cm 角 18 枚、B 白／⑤2.5cm 角 6 枚・⑥2cm 角 9 枚、B オレンジ／⑦2.5cm 角 18 枚・⑧2cm 角 3 枚、C 白／⑨2cm 角 10 枚、C オレンジ／⑩2cm 角 11 枚、D 白／⑪2.5cm 角 12 枚、D オレンジ／⑫2.5cm 角 4 枚　〈その他〉ワイヤー〈＃22〉12cm を 12 本（土台も含む）、長さ 10.5cm 二本足のかんざし 1 本、U ピン 3 本、直径 1cm の花座（金）7 個、唐打ちひも（白）14cm を 2 本、直径 3mm のパールビーズ 7 個、直径 8mm の鈴（シルバー）2 個、直径約 2mm のペップ（金）5 本、組み糸（黒）適宜、ボンド、接着剤
【つくり方】p.26「し」と同じ

【布を切る枚数】
白／2cm 角 79 枚・2.5cm 角 138 枚
オレンジ／2cm 角 26 枚・2.5cm 角 40 枚

せ

【 材料 】 〈土台〉直径 10cm の半くすスチロール土台 〈土台布〉ちりめん（白）19cm 角 〈つまみ布〉羽二重 白／① 3cm 角 97 枚、赤／② 3cm 角 10 枚 〈その他〉直径 1cm の花座（金）2 個、コサージュピン（頭がパールのもの）2 本、直径約 2mm のペップ（白）24 本、ボンド、接着剤

【つくり方】

1 半くすのスチロール土台を 1cm カットして（右図参照）、土台布をボンドで貼って土台をつくる（p.41 参照）。

2 つまみ布はすべて丸つまみ（p.36 参照）にする。

3 土台の上側に糊を塗り、②を 5 枚花の形に 2 個葺く。足元を広げて形を整える。

4 3 の花のまわりに①を 5 枚花の形に 8 個葺く。続けて土台に糊を塗りながら、土台の下端に合わせて正面と裏面に①を 5 枚花の形に 3 個葺き、側面は①を 3 枚の花（右下図参照）を 1 つずつ葺く。

5 花の間の空間に①を埋めるように葺いて土台を見えなくする。

6 赤い花②の中心に花座を接着剤で接着し、白い花②の中心は頭の根元でカットしたペップを 3 個ずつ糊で接着する。3 枚の花にもペップを接着する。

7 花座にコサージュピンを刺す。

半くすスチロール土台をカットする

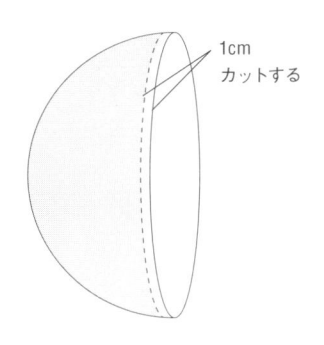

1cm カットする

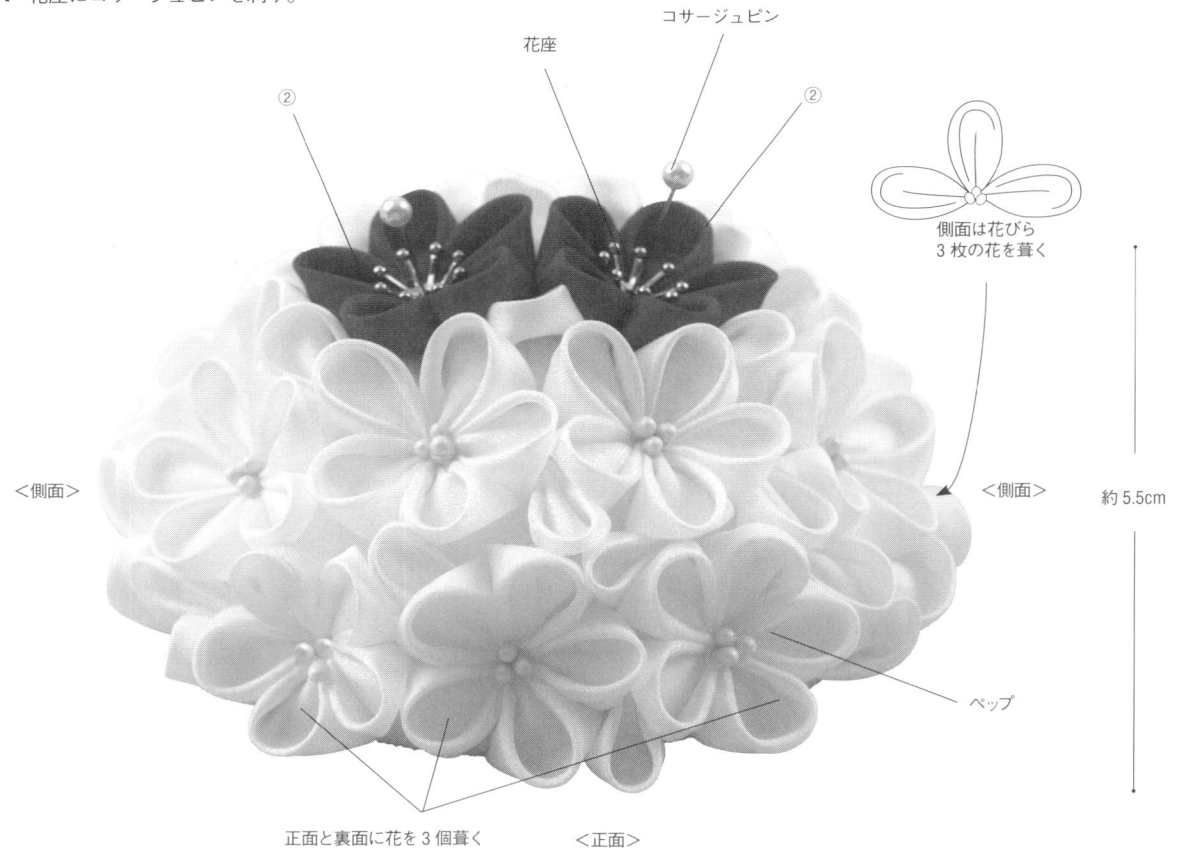

コサージュピン

花座

②

②

側面は花びら 3 枚の花を葺く

＜側面＞

＜側面＞

約 5.5cm

ペップ

正面と裏面に花を 3 個葺く

＜正面＞

＊ひだつまみなど、特殊なつまみ方をする場合は羽二重 6 匁を使用、指定以外は 8 匁

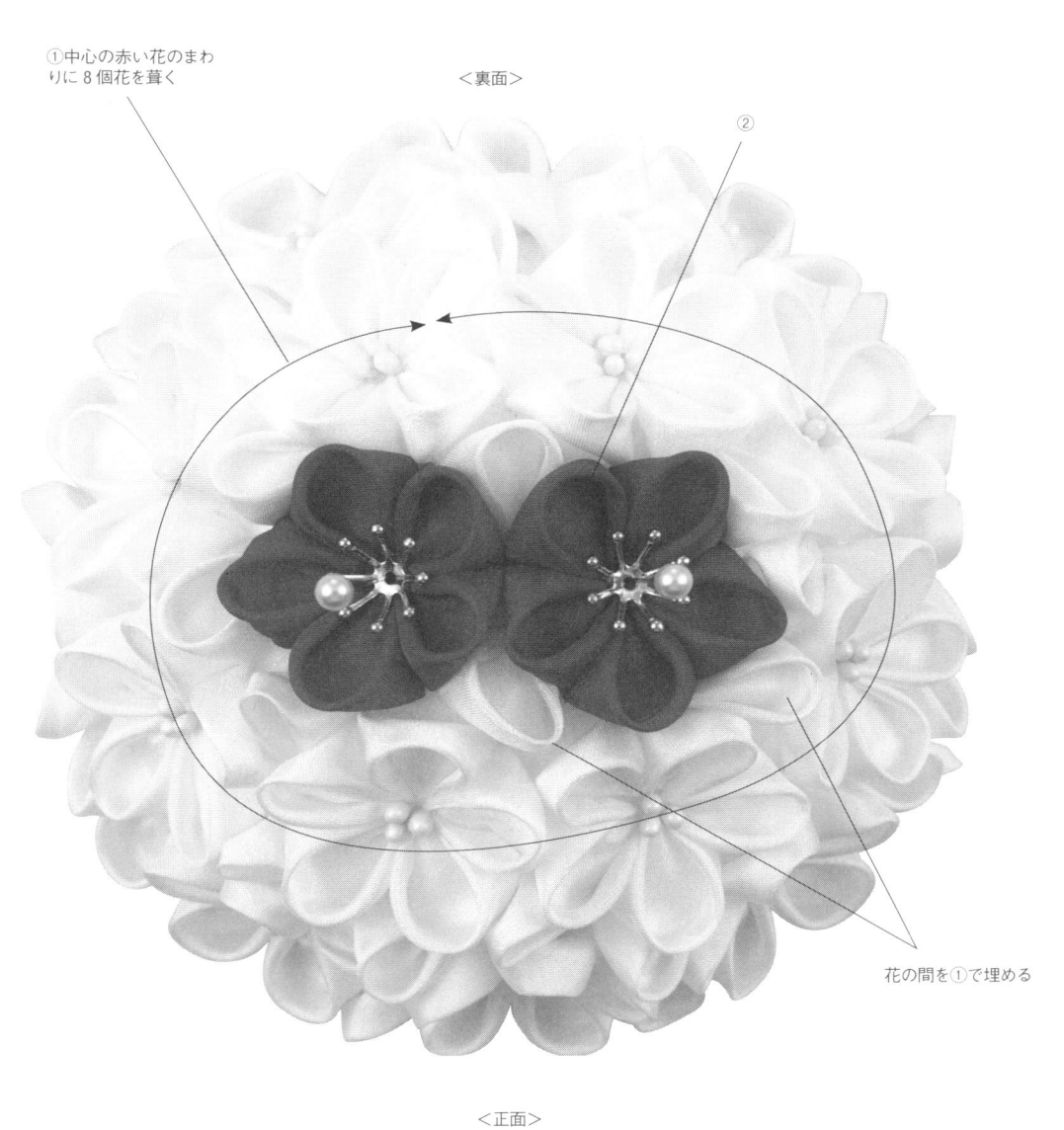

①中心の赤い花のまわ
りに 8 個花を葺く

＜裏面＞

②

花の間を①で埋める

＜正面＞

約12cm

【材料】〈土台〉直径 8cm のスチロール球 〈土台布〉ちりめん（白）18cm 角 〈つまみ布〉羽二重 A 白・6 匁／① 3cm 角 36 枚・② 2.5cm 角 36 枚・③ 3cm 角 36 枚、B 白・6 匁／④ 2.5cm 角 100 枚・⑤ 2.5cm 角 40 枚 〈その他〉直径 1cm の花座（シルバー）6 個、直径 3mm のパールビーズ 6 個、直径約 2mm のペップ（白）30 本、白と金の飾りひも 18cm、長さ 11.5cm のタッセル（白）1 本、ワイヤー〈＃ 22〉2cm を 3 本、ボンド、接着剤

【つくり方】

1 スチロール球に土台布をボンドで貼って土台をつくる（右図参照）。

2 飾りひもの先をボンドで固め、U の形に曲げたワイヤーをつけて、土台の頂点に挿し入れる（下図参照）。

3 つまみ布は、①・②は剣つまみ端切り（p.38 参照）、③はひだ寄せ剣つまみ（p.39 参照）、④・⑤は丸つまみ（p.36 参照）にする。

4 土台に糊を塗り、A の花を頂点に飾りひもをよけながら 1 個葺く（下図参照）。土台の赤道線上に均等に 4 個、底側に 1 個を同様に葺く（全部で 6 個）。花座にパールを接着し、花の中心に接着剤で接着する。

5 頂点の A の花のまわりに④ 5 枚の B の花（下図参照）を 8 個、赤道線上の A の間に各 1 個、底側のまわりに 8 個葺く。

6 ペップは頭の根元でカットして、B の花の中心に 3 個ずつ、糊で接着する。

7 花の間の空間に⑤を埋めるように葺いて土台を見えなくする。

8 ワイヤーを U の形に曲げ、タッセルのひもを U に通してワイヤーの先にボンドをつけてから A の花びらのきわに挿し込む。

【布を切る枚数】

白 ／ 2.5cm 角 176 枚・3cm 角 72 枚

スチロール球に土台布を貼る

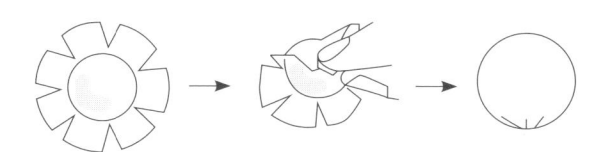

土台布の角を落として丸くし、切り込みを入れる

スチロール球にボンドを塗り、土台布の中央に置いて、貼っていく

スチロール土台のでき上がり

飾りひものつけ方

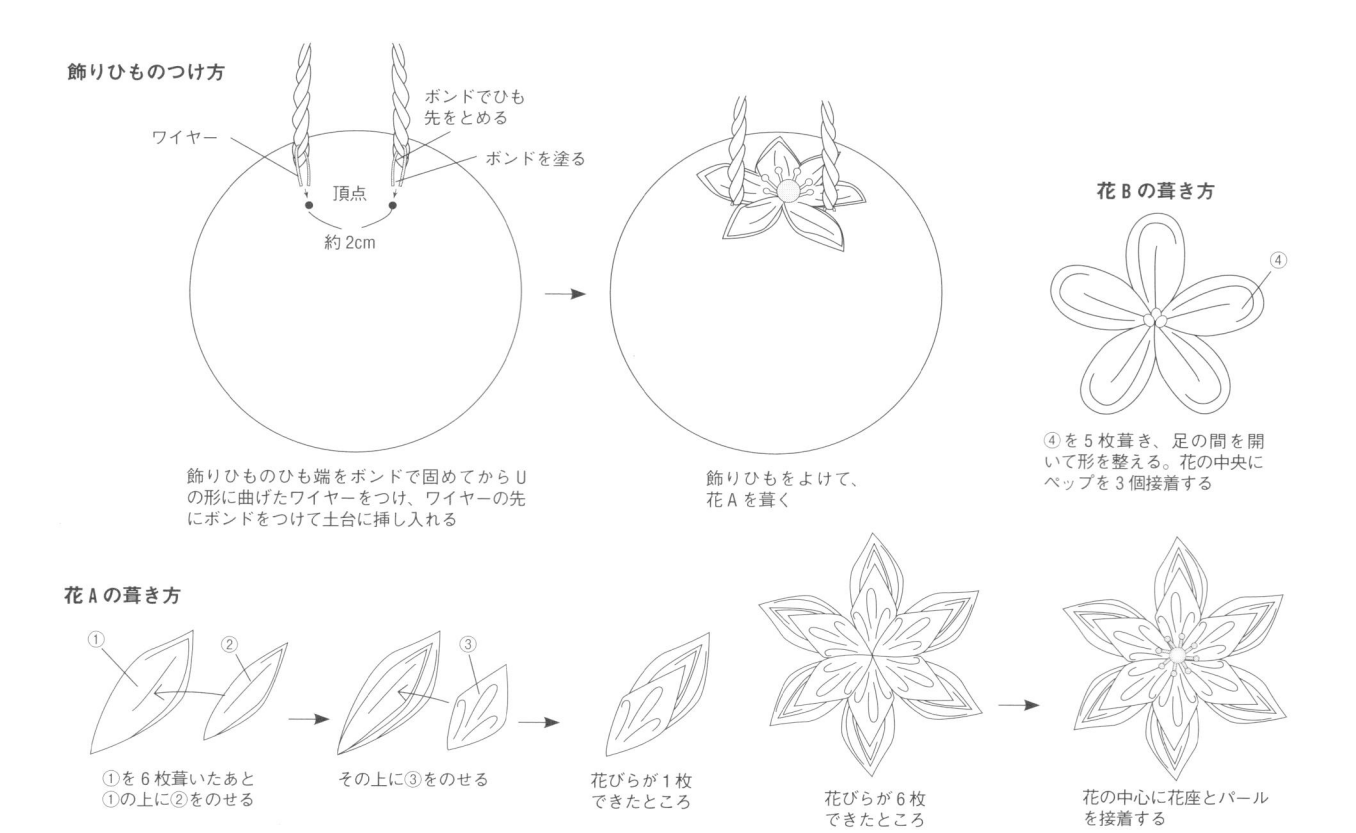

ワイヤー　ボンドでひも先をとめる　ボンドを塗る　頂点　約 2cm

飾りひものひも端をボンドで固めてから U の形に曲げたワイヤーをつけ、ワイヤーの先にボンドをつけて土台に挿し入れる

飾りひもをよけて、花 A を葺く

花 B の葺き方

④

④を 5 枚葺き、足の間を開いて形を整える。花の中央にペップを 3 個接着する

花 A の葺き方

①　②　③

①を 6 枚葺いたあと①の上に②をのせる

その上に③をのせる

花びらが 1 枚できたところ

花びらが 6 枚できたところ

花の中心に花座とパールを接着する

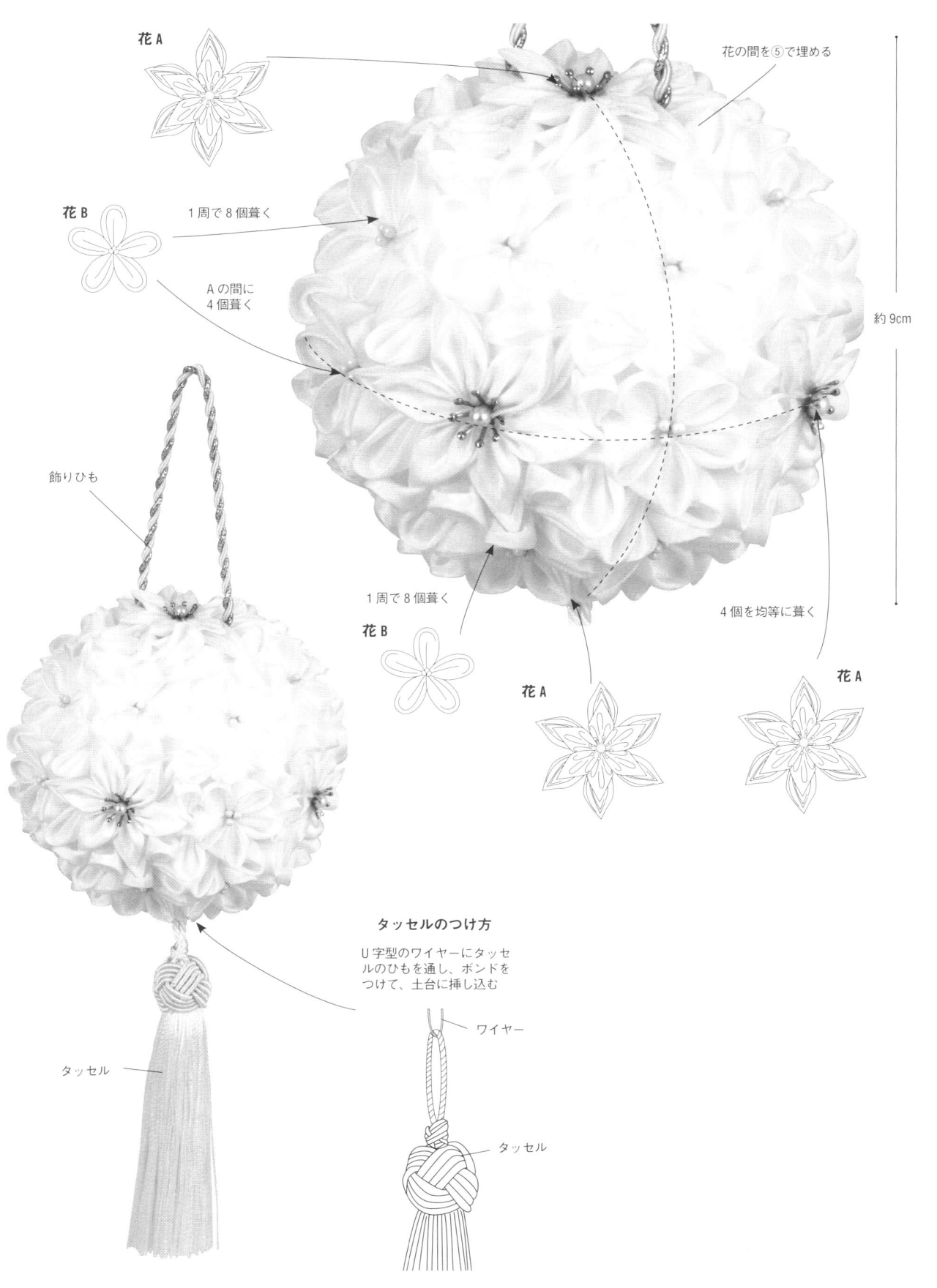

花A

花B

1周で8個葺く

Aの間に
4個葺く

花の間を⑤で埋める

約9cm

飾りひも

1周で8個葺く

花B

4個を均等に葺く

花A

花A

タッセル

タッセルのつけ方

U字型のワイヤーにタッセルのひもを通し、ボンドをつけて、土台に挿し込む

ワイヤー

タッセル

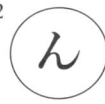

【材料】〈土台〉足つき平土台 A 直径 2.5cm を 5 本・B 直径 1.5cm を 9 本　〈土台布〉薄布 4.5cm 角 5 枚、3cm 角 9 枚　〈つまみ布〉羽二重 A 白・6 匁／①5cm 角 30 枚・②4cm 角 30 枚、ちりめん A 若草色／③1.5cm 角 5 枚、羽二重 B 白④1.5cm 角 99 枚、ちりめん B 若草色／⑤1cm 角 9 枚、羽二重 C 若草色／⑥2.5cm 角 10 枚　〈その他〉ワイヤー〈＃ 22〉12cm を 17 本（足つき土台も含む）、直径 8mm スチロール球 5 個、直径 3mm のパールビーズ 9 個、めしべ用ペップ（黄）50 本、組み糸（白）適宜、リボン（白）適宜、ボンド

【つくり方】

1　厚紙で足つき土台 A を 5 本、B を 9 本つくり土台布をボンドで貼る（p.40 参照）。

2　つまみ布は、①・②はひだつまみ（p.39 参照）、④は返しなしの丸つまみ（p.37 参照）、⑥は剣裏つまみ（p.38 参照）にする。

3　土台 A に糊を塗り、A の①を 6 枚、①の間に置くように②を 6 枚葺く。これを 5 本つくる。

4　土台 B に糊を塗り④を 10 〜 11 枚（基本は 11 枚）葺く。これを 9 本つくる。

5　ワイヤー 3 本に組み糸を巻き、⑥の裏にワイヤーを接着する。1 本のワイヤーに葉⑥を 4 枚ボンドで接着したものを 1 本、葉⑥を 3 枚ボンドで接着したものを 2 本つくり、ゆるくカーブさせておく（p.79 図参照）。

6　ちりめん A を直径 8mm のスチロール球に③を切り込みを入れながらボンドで貼り（右図参照）、花芯を 5 個つくり、花 A の中心にボンドで接着する。そのまわりに頭の根元でカットしたペップを 18 〜 20 個、糊で接着する。

7　ちりめん B は 3mm のパールビーズに⑤を切り込みを入れながらボンドで貼り（右図参照）、花の中心にボンドで接着する。

8　花と葉の土台のワイヤーに組み糸を巻いてバランス良くまとめ、足元を組み糸で巻きとめる。リボンを巻いてボンドでとめる。リボンでリボン結びをつくる。

【布を切る枚数】

羽二重（白）／ 1.5cm 角 99 枚・4cm 角 30 枚・5cm 角 30 枚
ちりめん（若草色）／ 1cm 角 9 枚・1.5cm 角 5 枚
羽二重（若草色）／ 2.5cm 角 10 枚

花芯のつくり方

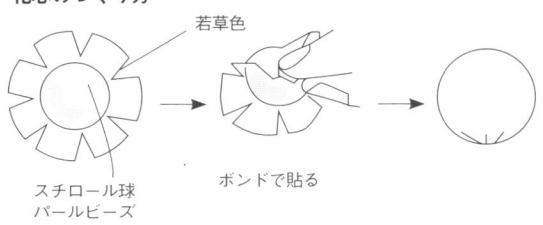

スチロール球
パールビーズ

若草色

ボンドで貼る

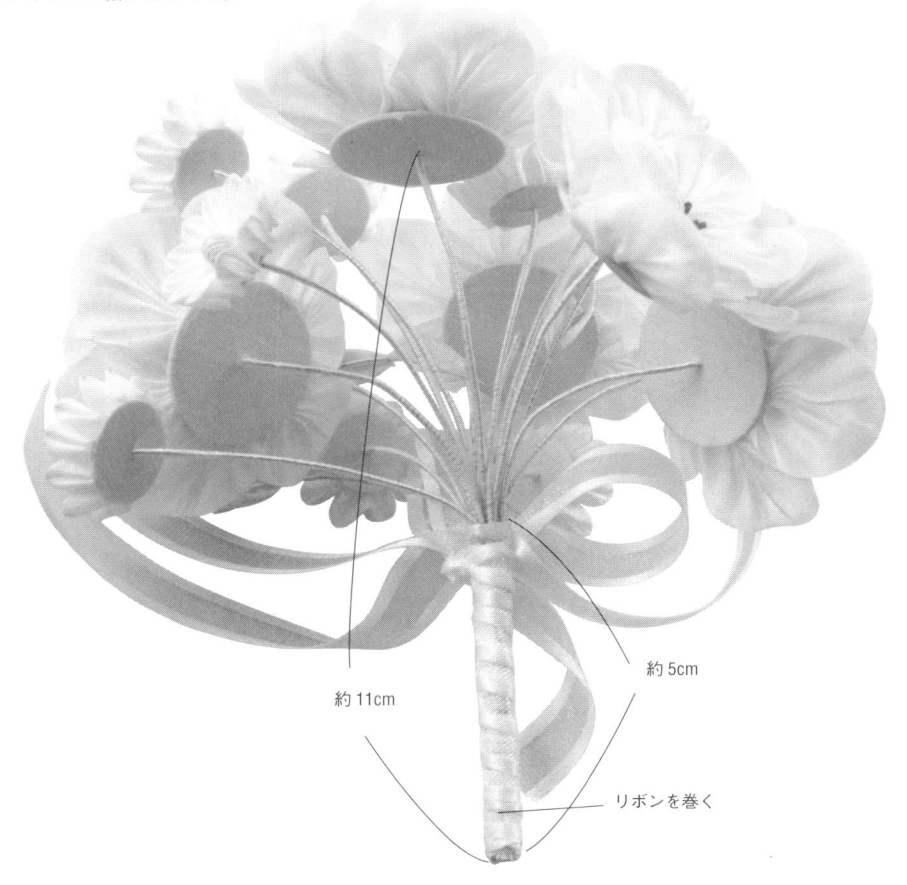

約 11cm

約 5cm

リボンを巻く

　＊ひだつまみなど、特殊なつまみ方をする場合は羽二重 6 匁を使用、指定以外は 8 匁

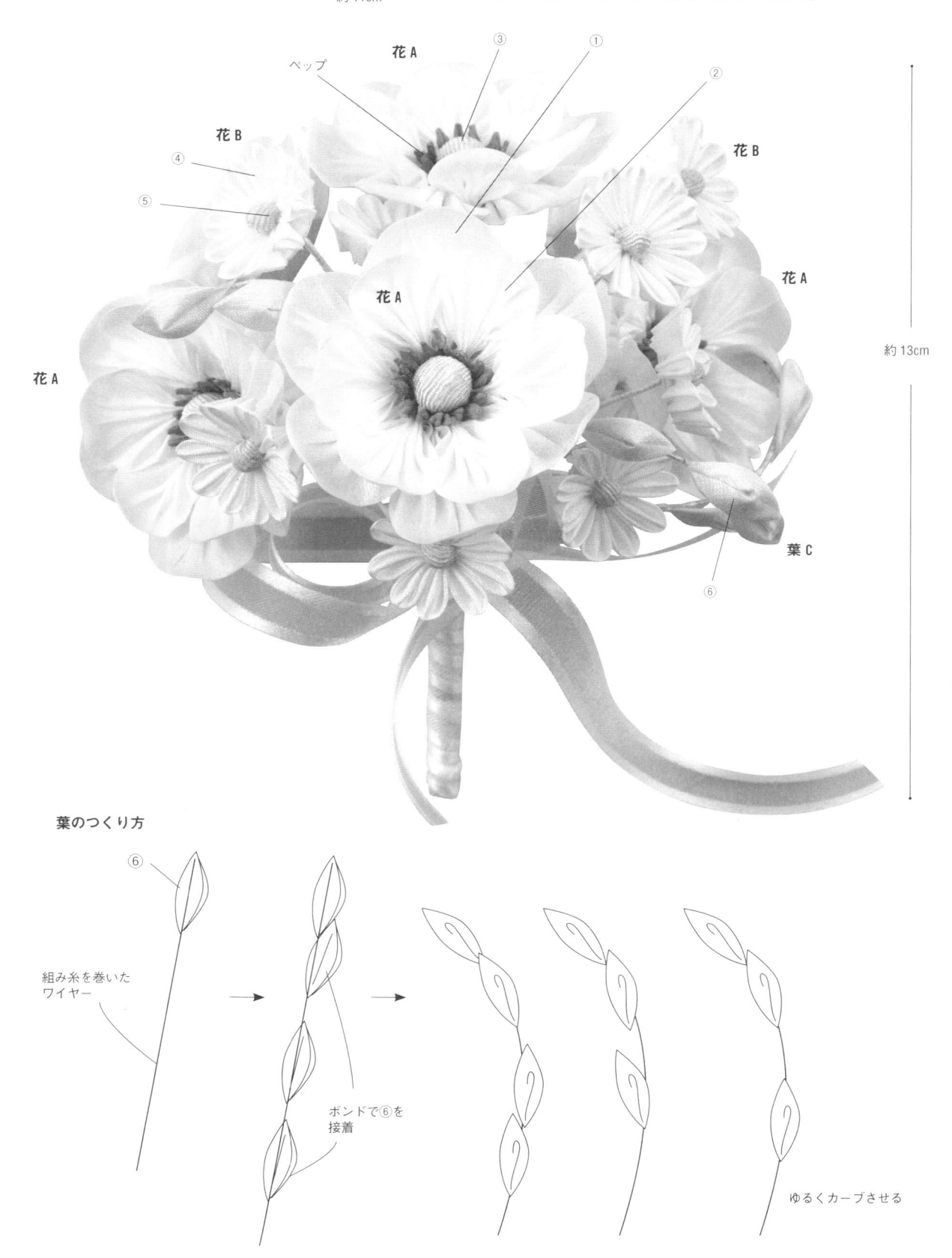

約11cm

花A
③
①
ペップ
②
花B
④
⑤
花B
花A
花A
花A
葉C
⑥

約13cm

葉のつくり方

⑥

組み糸を巻いた
ワイヤー

ボンドで⑥を
接着

ゆるくカーブさせる

栗原宏予 （くりはら ひろよ）

大学卒業後、生花店にて勤務。その後ヨーロピアンデザインを学ぶために渡英、イギリス文化にふれる中で日本の文化を改めて見直し、つまみ細工に魅了される。その技を習得して2013年「つまみ細工 すずまち」を設立し、和装用髪飾りの制作販売を開始。現在、つまみ細工の制作、オリジナル商品の開発及び、国内外へ日本の伝統技法を発信しながら、後進の育成にも力を注いでいる。著書に『やさしいつまみ細工』（ブティック社）がある。

HP：https://www.suzumachi.com
Instagram：suzumachi_tumamizaiku

Staff

ブックデザイン	藤榮亜衣
撮影	白井由香里
スタイリング	大川枝里子
ヘアメイク	AKI
モデル	立原夕鈴　水上花音
編集	西田千尋
編集デスク	西津美緒

晴れの日を彩る
贈る つまみ細工

発行日／2025年1月11日
著者／栗原宏予
発行人／瀬戸信昭
編集人／佐伯瑞代
発行所／株式会社 日本ヴォーグ社
〒164-8705 東京都中野区弥生町5-6-11
TEL.03-3383-0643（編集）
出版受注センター　TEL.03-3383-0650
　　　　　　　　　FAX.03-3383-0680
印刷所／株式会社シナノ

Printed in Japan　©Hiroyo Kurihara2024
ISBN 978-4-529-06424-8

万一、乱丁本・落丁本がありましたら、お取り替えいたします。お買い求めの書店か、小社出版受注センター（TEL.03-3383-0650）へご連絡ください。

JCOPY ＜出版者著作権管理機構 委託出版物＞
本書（誌）の無断複写は著作権法上での例外を除き禁じられています。複製される場合は、そのつど事前に、出版者著作権管理機構（TEL.03-5244-5088、FAX.03-5244-5089、E-mail：info@jcopy.or.jp）の許諾を得てください。

素材提供

・アクセサリーパーツ
株式会社吉田商事
東京都台東区浅草橋 3-20-14
03-3866-0638
https://yoshida-shoji.co.jp/

・羽二重
絹あそび 橋本修治商店
京都府京丹後市大宮町口大野 565
0772-64-2127
https://kinuasobi.net/

・つまみ細工用ヤマト糊
ヤマト株式会社
東京都中央区日本橋大伝馬町 9-10
03-3662-7910
https://www.yamato.co.jp/

・みやこ染　つまみ細工用 染色キット
桂屋ファイングッズ株式会社
東京都中央区日本橋小舟町 14-7
03-3662-5611
https://www.katsuraya-fg.com/

・つまみ細工かんざし材料（問い合わせ先）
工房 和 横浜
https://ko-bo-kazu.ocnk.net/phone/

撮影協力

・p.16「紬の着物 破れ格子縞文様」
花邑　銀座店
東京都中央区銀座 5-1　銀座ファイブ 2 階
03-6264-5617
https://www.hanamura.biz/

手づくりに関する情報を発信中
日本ヴォーグ社 公式サイト

ショッピングを楽しむ
手づくりタウン

ハンドメイドのオンラインレッスン
 CRAFTiNG
初回送料無料のお得なクーポンが使えます！詳しくはWebへ

 手づくり専門カルチャースクール **ヴォーグ学園**

日本ヴォーグ社の通信講座

あなたに感謝しております　We are grateful.

手作りの大好きなあなたが、この本をお選びくださいましてありがとうございます。内容はいかがでしたでしょうか？ 本書が少しでもお役に立てば、こんなにうれしいことはありません。日本ヴォーグ社では、手作りを愛する方とのおつき合いを大切にし、ご要望にお応えする商品、サービスの実現を常に目標としています。小社および出版物について、何かお気づきの点やご意見がございましたら、何なりとお申し出ください。そういうあなたに、私共は常に感謝しております。

株式会社日本ヴォーグ社社長　瀬戸信昭　　FAX 03-3383-0602